PJ	G	E	P
38	26	12	0

LOS INVENCIBLES

EL ARSENAL DE WENGER DE 2003-2004

ADRIÀ JIMÉNEZ MUÑOZ

Los Invencibles / Adrià Jiménez - 1a edición
LIBROFUTBOL.com, 2022.

182 páginas; 15,2 x 22,9 cm.

ISBN 978-987-8370-83-5

1. Fútbol.
CDD 796.334

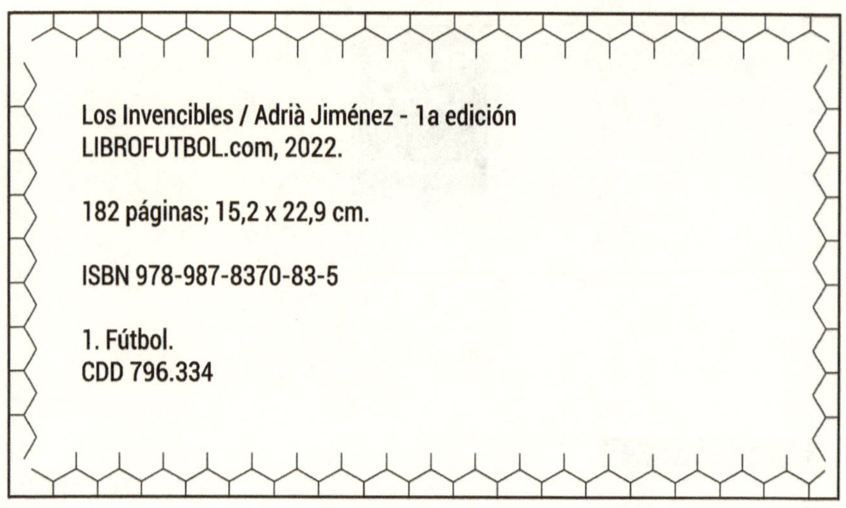

Arsenal - Invencibles
de Adrià Jiménez

Cubierta: Luciano Medvetkin	Foto del autor: © Adrià Jiménez
© 2022 – Adrià Jiménez © 2022 – LIBROFUTBOL.com	Todos los derechos reservados

ISBN 978-987-8370-83-5	1ª edición: septiembre 2022

ediciones@librofutbol.com

+54 9 11 2215 1982

librofutbol

Olga Cossettini 1112 - oficina 8F - Ciudad de Buenos Aires - Argentina

"Fue el momento en el que cumplí el sueño de mi vida"
Arsène Wenger, en la película *Arsène Wenger: Invincible*

"Este logro se mantiene por encima de todo lo demás".
Alex Ferguson, en la película *Arsène Wenger: Invincible*

"El miedo te lleva a destrozar tu ambición. No temas. Sueña, lucha. La vida puede ser mejor de lo que piensas"

Arsène Wenger

invencible

Del lat. *invincibilis*

1. adj. Que no puede ser vencido.

ÍNDICE

PRÓLOGO

Corría el año 2003 y los domingos, después de jugar mi partido de fútbol, solíamos comer en casa. Al terminar, mis padres nos pedían a mi hermano y a mí que hiciéramos la siesta. Era la manera que tenían de conseguir que no los molestáramos para hacerla ellos, pero eso lo he entendido con los años. A mis 10 años no tenía ningún interés en dormir a esas horas, así que me iba a su habitación (mis padres dormían en el sofá del comedor) y, ahí, en la tele que tenían, ponía el *Canal 33*.

Era un canal que, si no tengo mal entendido, solo emitía en Cataluña. Mi hermano y yo sabíamos que los domingos, después de comer, podíamos ver los resúmenes del fútbol internacional de la mano de los presentadores Pere Ger y Joan Valls. Era un programa limpio de polémicas —ahora cuesta ver algo así—, en el que, simplemente, repasaban los goles de los partidos ya jugados de ese fin de semana. Había nacido el 10 de septiembre del año 2000 y, aunque al principio se emitía muy tarde por la noche, luego lo pasaron a primera hora de la tarde o incluso antes.

Ahí, imagino, nació mi pasión por el fútbol internacional. Una pasión que me persigue hasta ahora y que, me atrevo a aventurarme, lo hará por el resto de mi vida. También germinó en mí la necesidad y el gusto por descubrir nuevos jugadores en esos resúmenes. Evidentemente guiado por las opiniones de los presentadores y por las acciones que yo veía, puesto que no podía ver nada más allá de esos pocos minutos de partido. Pero luego, cuando llegaba algún fichaje a la liga española procedente de un club alemán, francés, italiano, holandés o inglés, por ejemplo, yo me las daba de que lo conocía. Y algo de verdad había en ello.

Y como vendréis imaginando, en esas nació mi curiosidad por un club ubicado en el norte de Londres —algo que yo desconocía en ese entonces—, y que vestía de rojo. Un estadio precioso con unas gradas prácticamente encima del césped, con una gente que estaba loca por su equipo, y un juego vistoso, entretenido y efectivo. Era pequeño, mi interés por el fútbol a nivel táctico era nulo, y lo que me apetecía ver eran goles. Me gustaba eso que veía. No se lo pensaban demasiado. O eso parecía. Encontraban los espacios y marcaban goles. Lo hacían fácil.

Es que encima, estéticamente, todo ayudaba. Lo digo como si tuviera que justificarme, pero la verdad es que todo suma. Vieira, Bergkamp y Henry. Esa era mi realidad. Y Ljungberg un poco también, pero porque me generaba curiosidad su pelo. En ese momento estaba descubriendo también que los jugadores de fútbol trascendían al deporte y podían ser, por ejemplo, modelos. Me hacía gracia reconocer al sueco o a Beckham en un anuncio. Sentía que lo que para mí era una cara conocida, no lo era para el resto. Y eso me hacía sentir que formaba parte de mí.

Pero volvamos, que me he ido un poco por las ramas. Vieira, Bergkamp y Henry. Esa era mi realidad, decía. El capitán, el 4, porque jugaba en la misma posición que yo, aunque parecieran deportes distintos. Me entusiasmaban dos cosas de él: su poderío físico y su elegancia al subir al ataque, como si no costara regatearse a medio equipo. Que Bergkamp me gustara, he de reconocer, es en gran parte por culpa de la voz de los presentadores. Tardé poco en verlo por mí mismo, pero en su momento solo me fijaba en los goles y no en cómo se generaban, por lo que tendía a obviar a jugadores como el holandés. También es verdad que confiaba ciegamente en lo que decían las voces del programa de los jugadores, así que intentaba fijarme mucho en él.

Y luego estaba él. El futbolista perfecto. Lo tenía todo. Marcaba los goles, que como digo era lo que me fascinaba en ese momento, pero también me gustaba cómo celebraba, regateaba, corría, luchaba... Y cómo vestía. Esas medias por encima de la rodilla, las botas Nike granate. Ese golpeo con el interior del pie al palo largo. Parecía fácil. Luego ibas al patio del cole y lo intentabas para descubrir que de fácil no tenía nada. Y es que encima lo ganaban todo. Yo los veía siempre ahí arriba en la clasificación, ganando y marcando muchos goles. Ousadia e Alegria, como dicen los brasileños. ¿Qué puedo hacer ante eso?

Y ese invierno uno de mis jugadores favoritos de la liga española, José Antonio Reyes, que estaba brillando en el Sevilla, fichó por el Arsenal. Al leer el diario y verlo se me encendieron todas las alarmas. Mi jugador favorito de aquí, —recuerdo guardarme todos

los cromos que me tocaban de él, aunque fueran repetidos—, yendo al equipo que tanto me cautivaba. Hicimos match. Un aliciente más para fijarme en el Arsenal. Vieira, Bergkamp, Henry y... Reyes.

¿Y ya? No. Hay algo más. Esa temporada, la 2003-2004, fue la del debut en el Arsenal de un jugador catalán formado en las categorías inferiores del Barça. 'Uno de los míos', sentía yo. Su importancia no creció hasta al cabo de un par de añitos, pero la aparición de Cesc Fàbregas hizo que, cuando en 2006 el Arsenal se enfrentó al Barça en la final de la UEFA Champions League, yo ya me sintiera seguidor del club inglés.

Eso sí, he de reconocer que por aquel entonces la afición por los azulgranas aún se imponía.

En definitiva, mi pasión por el Arsenal se fue gestando poco a poco dentro de mí. Sin saberlo, piezas de medio mundo se fueron juntando en el puzle para acabar encajando a la perfección vestidas de rojo, jugando en un estadio precioso, con unas gradas prácticamente encima del césped y animadas por una gente que estaba loca por su equipo, un equipo ubicado en el norte de Londres: The Arsenal.

Highbury Stadium. 14:00 de un 7 de mayo de 2003. Partido aplazado correspondiente a la jornada 33 de la Premier League. El Southampton de Paul Sturrock visita el norte de Londres en un partido sin ninguna trascendencia ya. O sí.

No sería hasta más de un año más tarde, concretamente un 24 de octubre de 2004, que ese encuentro en el entonces estadio del Arsenal generaría tanta repercusión.

CAPÍTULO 1

ARSÈNE WENGER

"El estilo del equipo se sustenta en tres valores esenciales del club: *be together, act with class and move forward*[1]. Había que representar al club, hacer que los seguidores se sintieran orgullosos, ser respetuoso con el adversario y negarse a caer en la dejadez". Arsène Wenger tenía muy claro qué necesitaba para que la institución funcionara.

Y es que para hablar del Arsenal de los Invincibles hay que remontarse, como poco, a unos años antes de que se diera tal hazaña. Arsène Charles Ernest Wenger[2] fue nombrado entrenador del equipo londinense un 30 de septiembre de 1996, después de su etapa en Japón al mando del Nagoya Grampus Eight. Asumió el rol el 1 de octubre de ese mismo año, en medio de muchos comentarios que tildaban el fichaje de apuesta. *"Arsène who?"* titulaban algunos medios.

---

1   La traducción es: Mantenerse juntos, comportarse con clase y avanzar siempre

2   Arsène Wenger nace un 22 de octubre de 1949 en Estrasburgo, Francia, y fue criado en Duttlenheim. Durante su estancia en Japón, alzó la Copa del Emperador y la Supercopa de Japón.

No era la única opción que el club inglés manejaba para ser el técnico. Otro de los entrenadores que sonó para el puesto fue… Johan Cruyff.

"Su llegada transformó al Arsenal, la forma de jugar, el éxito del club… fue oro. Arsène Wenger compuso el mejor fútbol que he visto en mi vida. En ese momento era como oro. Era el Mesías", dice de él Tim Payton, portavoz del grupo Arsenal Supporters' Trust.

Pero volvamos al inicio: David Dein, vicepresidente del Arsenal entre 1983 y 2007, conoció a Arsène Wenger cinco años antes de su llegada al club del barrio de Islington. Por aquel entonces, el francés entrenaba al Mónaco y, aunque estaba en Londres de pasada y no para ver un partido, acabó cenando con la familia de Dein y unos amigos.

Tras su paso por el club monegasco, Wenger salió de su área de confort para ir a un destino exótico: el Nagoya Grampus Eight japonés.

Cuando George Graham[3], que era el entrenador del Arsenal en ese momento, fue despedido por aceptar pagos ilegales en los fichajes de dos jugadores escandinavos, el primer nombre que sonó fue el del técnico francés. La dirección vetó el fichaje ya que aún había el extraño pensamiento de que los entrenadores extranjeros no podían entrenar en Inglaterra, donde se creía que el juego británico estaba hecho para técnicos autóctonos. Es por eso por lo que en verano de 1995 el Arsenal firma a Bruce Rioch. Ese mismo mercado es en el que llega Dennis Bergkamp. El equipo acaba quinto, logrando una plaza para la Copa de la

---

3   Entrenó al club inglés desde 1986 hasta 1995. Su Arsenal fue conocido como el Boring, boring Arsenal (El Arsenal aburrido), y fue cuando se popularizó el cántico One-Nil to The Arsenal (Uno-Cero para el Arsenal) en referencia a los resultados cortos que conseguía el equipo. En el Arsenal ganó dos Ligas, una FA Cup, dos Copas de la Liga y una Recopa de Europa.

UEFA, llega a semifinales de la Copa de la Liga, y es eliminado en tercera ronda de la FA Cup por el Sheffield United. Unos días antes de arrancar la temporada 1996-1997, Rioch pierde el puesto tras una disputa con la dirección a causa de los fondos destinados a traspasos y, esta vez sí, Arsène Wenger acepta entrenar al Arsenal.

El "Arsène para el Arsenal" que Dein vaticinó cuando conoció al entrenador, por fin se hacía realidad. "Cuando pienso en mi llegada, creo que fueron valientes. No había ningún historial de un entrenador extranjero exitoso en la Inglaterra y se hablaba en los medios de que ningún entrenador de fuera podía ganar la liga", explica el propio Wenger.

"Si perdíamos no era la mejor de las compañías para cenar. Era una conversación con un único tema porque él estaba furioso. Es un juego en el que las emociones, los sentimientos, la tensión, la pasión... Están a flor de piel. ¡Es un mal perdedor! Y no quieres que sea de otra forma", se sinceraba David Dein en una entrevista sobre el legendario técnico del Arsenal. "En los días de partido yo tenía mi propia rutina. Iba al vestuario a hablar con los chicos, saludarlos y desearles suerte. Pero no en la hora previa al inicio, ese momento es para el mánager. No iba nunca al vestuario hasta unos veinte minutos después de acabar el partido. Esperaba a que las emociones se calmaran un poco. Pero el mánager necesita saber que alguien de la directiva está pendiente. Tiene que sentirse parte de la familia, que estamos juntos en esto, en los buenos y en los malos momentos. Quería que supiera que, si él estaba herido, yo lo estaba también".

La primera imagen que los jugadores se llevaron de Arsène Wenger fue de alguien que, a nivel físico, no podía ser ejemplo de lo que quisiera transmitir. Su aspecto era más de profesor de geografía: alto, imponente, pero sin cuerpo de deportista. O, en cualquier caso, no de futbolista.

Que era un entrenador diferente quedó claro desde el primer momento, y marcó a sus jugadores por una forma de entrenar que "reside en sus ganas de enseñar, pero también en las de aprender de los futbolistas. Es por eso por lo que busca jugadores inteligentes y con hambre por entender lo que ocurre. Le ofrece al jugador un ambiente, un contexto, para que desarrolle todo su potencial y le dice: 'Esto es lo que yo puedo hacer por ti, ahora es tu turno aprovecharlo'", según explicaba Lee Dixon, que acumuló 14 temporadas consecutivas en el Arsenal en su carrera.

Martin Keown —11 años en el club— va más allá: "Cuando llegó, su aspecto ya marcaba diferencias respecto a la imagen común de los entrenadores. Nos preocupaba el contraste tan importante con George Graham. Te daba la mano por la mañana, te miraba a los ojos… Te respetaba. Siempre tenía una palabra para ese jugador, o ese otro, sin que necesariamente lo viesen el resto de los compañeros, y que servía para animar o dar confianza al jugador en cuestión. Pero, ¿gana cosas la gente buena?", Se preguntaba Keown y, probablemente, la mayoría de los jugadores de la plantilla.

Cuando Arsène Wenger conoció las condiciones en las que el Arsenal entrenaba en London Colney, un centro de entrenamiento que compartía con los estudiantes del University College London, alucinó. El espacio no era solo del Arsenal, sino que el club lo alquilaba a cambio de una modesta cantidad. Poco después de conocer el sitio, y llevarse esa primera impresión, hubo un incendio en el centro y el técnico alsaciano, que vio como los reubicaban en el hotel Sopwell House para entrenar, hizo campaña para que, en vez de seguir ahí, el club construyera un centro de entrenamiento especialmente hecho para ellos.

El cambio era necesario, entre otras cosas, porque las antiguas instalaciones no tenían gimnasio, ni área de acondicionamiento, ni enfermería, además de que la comida que servían era orientada a los alumnos. ¿Qué significa eso? Que los futbolistas podían encontrar chocolatinas y otras cosas poco aconsejables.

El capitán de los Invincibles, Patrick Vieira, que venía de Milanello[4], no se explicaba lo que se encontró al llegar a London Colney por primera vez: "Era como una pesadilla. Ese fuego fue lo mejor que nos podía pasar. Todo era desagradable. La comida estaba mala, los vestuarios eran antiguos y estaban sucios. Solo querías ir allí, entrenar y volver a casa a ducharte. Pero a ese nivel lo que requiere un centro de entrenamiento es que podamos pasar tiempo entrenando, tratándonos y cuidándonos". A Arsène Wenger le molestaba especialmente el hecho de no poder elegir libremente los días de entrenamiento. Si coincidían con los alumnos no podía poner una doble sesión. Hasta el punto de que los miércoles los jugadores del Arsenal disfrutaban de fiesta obligada, porque no podían acceder al vestuario, duchas y demás espacios.

El tiempo que pasaron en el Sopwell House Hotel, a pesar de no ser lo más profesional posible, fue bueno. Las condiciones eran mucho mejores que en el antiguo centro de entrenamiento. Tenían jacuzzi, gimnasio y más comodidades. Eso sí, tenían que coger un

---

4 Centro deportivo del AC Milan. Está localizado a 50kms de Milán, cerca de Varese. Fue inaugurado en 1963.

pequeño autocar hasta los campos de entrenamiento. A pesar de que el hotel era un espacio público, con sus huéspedes, no hubo demasiados inconvenientes.

La situación general del club era bastante peculiar. Muy adaptado a un fútbol inglés que, en comparación con otros países, empezaba a oler a antiguo. Las tradiciones se mantenían. El alcohol era un factor importante, el no tener un control de la alimentación antes de los partidos...

Dennis Bergkamp, leyenda del club, no se creía lo que veía: "Aunque me habían advertido, más de una vez me quedé con la boca abierta al ver ciertas cosas. Compañeros que salían a tomar algo antes de los partidos, la comida prepartido... No podía creérmelo. Yo sabía del *Boring, boring Arsenal*, de jugar con un solo punta, de marcar un gol y defenderlo el resto del encuentro... *One-Nil to The Arsenal* es uno de los cánticos de la afición. Pero esa no es la idea que tienes de un equipo top. Y mucho menos de un equipo top a nivel europeo. Para mí, los cambios que trajo Wenger eran normales. Simplemente, lo que hizo fue llevarnos al siguiente nivel".

Uno de los puntos básicos del método de Wenger era introducir una nueva forma de ver el instrumento que más usa un futbolista: su cuerpo. Es por eso por lo que cambió la metodología en muchos aspectos. Entre ellos, prestar atención a lo que entraba en el cuerpo y cómo lo hacía. "Si alimentas un coche diésel con gasolina no irá muy lejos", decía.

Es de sobras conocida una de sus primeras decisiones al llegar al club. Se encontró con una plantilla típicamente británica: no solo corta en efectivos, sino también con tendencia a la bebida. A pesar de que al principio fue permisivo, dejando que los jugadores pudieran tomarse una cerveza, luego poco a poco fue restringiendo esa posibilidad, prohibiéndoles beber en grupo en el comedor para jugadores. El entrenador alsaciano fue más allá y empezó a introducir ciertas costumbres a la hora de comer. Algo que ahora nos parece lo más normal del mundo fue, en ese momento, una auténtica revolución. Recordemos, además, que fue llevada a cabo por alguien totalmente desconocido en el fútbol británico. Y ya se sabe que cambiar los hábitos de unos jugadores que, además, estaban asentados, no es nada fácil y, si los resultados no son buenos, puede crear un mal ambiente.

Cambió toda la comida, que se convirtió en baja en calorías. Se hizo hincapié en masticar para ganar. De hecho, se convirtió en un eslogan. Se les explicó a los jugadores que cuando comían, a veces se sentían cansados porque la sangre iba de la cabeza al estómago para ayudar a digerir la comida. Y que eso era energía que gastaban. En cambio, si masticaban bien, el estómago tendría menos trabajo.

Otra cosa en la que incidía el técnico era en que los jugadores llevaran siempre una botella de agua para ir hidratándose. Sin embargo, como decíamos, evidentemente no todos los cambios sentaron bien.

"No nos permitían el kétchup. El té y el café tampoco, porqué deshidrataba. Comíamos mermeladas para diabéticos, sin azúcar. Intentamos negociar que nos devolvieran el kétchup. ¿Quieres que comamos esta comida sosa? Mejor que le pongamos kétchup. Antes teníamos gelatina hasta en el vestuario. Los jugadores se quejaban de que tenían hambre antes de los partidos. No teníamos azúcar hasta después de acabarlos. Pero la verdad es que yo me sentía mucho mejor cuando jugaba", le explica Martin Keown a la periodista de *The Athletic*, Amy Lawrence.

Ian Wright, uno de los máximos goleadores de la historia del club, tampoco estaba muy contento con la comida: "Era muy blanda. Yo estaba siempre hambriento, intentaba devorarla. Había crecido con comida india, con salsas y condimentos, y de golpe tenía que comer comida que no sabía a nada: arroz soso, pollo soso, verdura sosa. Era comida para darnos energía, no para disfrutarla. No tengo ningún recuerdo bueno de esas comidas. Me quejaba mucho". El fisioterapeuta Gary Lewin le sugería que bebiese mucha agua, que era su gasolina.

Para Lee Dixon al principio fue un reto: "Para los futbolistas acostumbrados a la antigua manera de hacer, en la que estirábamos un poco y luego entrabas al campo y chutabas balones donde fuera... Arsène era bueno porque no forzaba a nadie a hacer nada. Te dejaba que hicieras lo que tocaba, pero porque sabías que era lo que debías hacer".

Cuando desde el primer día Arsène Wenger quitó el suplemento de chocolate, hasta tuvo que enfrentarse a cánticos en el autocar: "Queremos nuestros Mars Bars[5] de regreso", se le cantó a la vuelta del primer encuentro, una victoria 2-0 ante el Blackburn Rovers un 12 de octubre de 1996. El técnico se giró, se puso a reír, y negó con la cabeza.

Seguramente el Arsenal fue uno de los primeros equipos en integrar este tipo de ideas que, además y por suerte para Wenger, también vinieron acompañadas de una pronta mejoría evidente en el juego.

---

5   Se refiere a las barritas de chocolate producidas por Mars Incorporated. Su versión británica contenía caramelo con turrón y estaba recubierta de chocolate con leche.

Suplementos alimentarios, creatina para potenciar la musculación, vitaminas... Arsène Wenger fichó a un nutricionista francés, Yann Rouget, para explicarles a los futbolistas estos cambios. "Él explicaba a los jugadores cómo comer, qué comer y cómo masticar. Era uno de los pioneros en el ámbito de la nutrición, empezó a elaborar los menús del club. Transformamos sus hábitos alimentarios", explica el propio Wenger.

"No es dopaje" es la frase que les quedó marcada a algunos. Otros no compraron tan rápidamente estos cambios.

"La realidad es que no le fue fácil a Wenger. Todo lo que introdujo era diferente. Por ejemplo, los estiramientos en día de partido a las 8 de la mañana, antes incluso de desayunar. Nos quedábamos como... ¿Esto qué es? No jugamos hasta las tres de la tarde. El poder de los jugadores acabó con eso rápidamente", explicaba Lee Dixon.

"Sabiendo lo inteligente que es Wenger, seguramente intentó introducir cosas que sabía que al 100 % no le compraríamos. Así podía quitarlas al cabo de dos semanas y parecer permisivo. Tony Adams fue a hablar con él para explicarle que todo esto era lo opuesto a lo que veníamos haciendo. Por ejemplo, el descanso del domingo, que cambió por un paseo. Había muchos jugadores diferentes en esa plantilla, con diferentes caracteres, y Wenger no era un entrenador que quisiera lavarnos el cerebro. Él nos daba las herramientas y nos explicaba qué podíamos ganar si las usábamos".

Martin Keown fue de los que más convencido estaba: "Tú haces los estiramientos, tomándote los suplementos y, de golpe, las rampas en los partidos desaparecen. Te sientes mejor. Creció la intensidad en los entrenamientos. Estás ganando partidos. Y te preguntas: ¿es por todo esto? Empiezas a sentirte invencible. Todo parece funcionar y crea ese sentimiento de que puedes ganar a cualquiera".

La atención en el club era al detalle: la temperatura del bus estaba regulada para mantener la flexibilidad de los músculos, las sillas del restaurante del centro de entrenamiento estaban diseñadas de manera ergonómica para ser muy cómodas, y algunos jugadores fueron mandados al dentista porqué hay dolores del pie que tienen su origen en los dientes o encías.

Empezaron a crecer el número de trabajadores del club destinados al cuidado de los jugadores. Masajistas, fisioterapeutas, especialistas en recuperación y preparación, osteópatas… "Fiché a un psicólogo inglés, David Elliot, a Tim O'Brien, David Priestley y al doctor Ceri, para fortalecer las aptitudes mentales del equipo. Hice venir un osteópata parisino, Philippe Boixel, que trabajaba con la selección francesa. Formado en kinesiología y osteopatía, ayudaba a los jugadores a recuperarse más fácilmente, enfrentarse mejor a los partidos y a gestionar de forma positiva el estrés…", cuenta Wenger.

De hecho, este último es de quien se tiene un gran recuerdo. Decían que era un auténtico mago para descubrir dónde estaba el dolor y hacerlo desaparecer. Incluso el guardameta, Jens Lehmann, que había llegado a su treintena conociendo bastante bien su cuerpo, quedó prendado de las nuevas ideas de Philippe Boixel: "Fue como un segundo padre para mí. Iba dos veces por semana. Venía jueves y viernes. Además, el preparador físico Tony Colbert montaba ejercicios para todo el cuerpo. Estaba mucho mejor físicamente cuando dejé el Arsenal con 38 años, que cuando llegué con 33".

Para introducir todos estos cambios, Arsène Wenger tuvo que contar con el beneplácito de varios de los jugadores veteranos del club. Hay reglas que se pueden imponer y otras es mejor debatirlas. Ganarse al grupo es importante, como entrenador, para que luego los jugadores te sigan y compren tus ideas en el campo. De todas formas, no fueron los cambios en los hábitos alimenticios los que más le costaron de desarraigar al técnico alsaciano. Cuando entró por la puerta por primera vez, Wenger seguramente no era consciente de hasta qué punto la cultura del alcohol estaba anclada en ese vestuario. Lo bueno, o malo, es que no tardó en darse de bruces con la realidad.

Bruno Alemany, director del programa *Playfutbol*, programa especializado en fútbol internacional de la Cadena SER en España, lo confirma: "Es un entrenador con las cosas muy claras a nivel de intentar profesionalizar al máximo la competición. Es clave. El fútbol inglés... Era una época en la que los jugadores fumaban en el vestuario y había problemas de alcoholismo en los jugadores. Bebían muchísimo. Y no solo para celebrar. Bebían mucho. Alcohol duro todos los días. Esto Wenger lo cambia. Supongo que con algún problema con los jugadores, también intentando —imagino— fichar jugadores que él pensaba que estarían más predispuestos a apostar por ese cambio. Abre el camino a la profesionalización, a que el fútbol inglés sea más profesional y dedicado al fútbol".

Cuando Tony Adams anunció al equipo que sufría alcoholismo, coincidió con la llegada de Patrick Vieira. El pobre nivel de inglés del futuro capitán y de Rémi Garde, internacional francés que llegó al mismo tiempo, no les permitió entender lo que dijo Tony, pero sí que vieron la reacción del equipo. Un aplauso caluroso y de compañerismo. "Lo que más me sorprendió fue ese aplauso. No lo iban a dejar solo. La relación que tenían entre ellos era muy fuerte. Los ingleses se juntaron para apoyar a Tony. Después de muy pocos meses me di cuenta de cuánto querían al club, entendí lo que significa el Arsenal", explica el propio Vieira.

La realidad es que Adams no era el único, ya que Paul Merson estaba en una situación parecida. Ambos tenían problemas con el alcohol, y eso que Adams era el capitán. De hecho, el central tuvo suerte de cruzarse con el preparador francés. Con solo 21 años ya llevaba el brazalete del club, pero no solo en eso fue precoz. Pronto empezaron las visitas a los *pubs* y clubes de la ciudad de Londres, en las que destacan altercados nocturnos, varios puntos de sutura tras caer por las escaleras, altas tasas de alcoholemia al volante e incluso 57 días en prisión tras estrellar su coche conduciendo borracho. "Podía jugar al fútbol y emborracharme. Estaba asustado, perdido", reconoció años más tarde en una entrevista para *Canal+*. En esa época, previa a la llegada del técnico alsaciano, Tony encontraba su refugio en las barras de los bares.

Su mujer atravesaba problemas de drogadicción y, con sus hijos lejos de casa, la bebida era su solución y problema: "En ese momento no podía estar sobrio porque mi solución era beber. Creo que jugué un par de veces borracho. Una contra el Sheffield United porque me emborraché la noche anterior y al despertarme seguía bebido. No podría haber jugado ese partido sin beber", admitió.

El caso del centrocampista fue parecido. En una entrevista a *TalkSPORT*, Merson explicaba su experiencia: "Sientes que te odias a ti mismo, como si fueras una mala persona. Con la adicción no importa que seas la persona más rica del mundo o la más pobre, lo único que todos tenemos es el ahora y hay que aprovecharlo al máximo". El exjugador del Arsenal ha escrito un libro al respecto, *Enganchado: La adicción y el largo camino de recuperación*, en el que cuenta sus vivencias: "Si pones una mano en el fuego y lo vuelves a hacer, tu cerebro te dirá que no lo hagas. Con la adicción tu cerebro no te dice nada. Es por eso por lo que es tan peligrosa. Te abruma, no ves el riesgo. Empiezas a beber y a apostar, no vuelves a casa por la noche, pierdes todo tu dinero, lo pierdes todo... Dejas tirada a la gente que te rodea y te odias por ello. Tu valor y tu respeto hacia ti mismo se va y te preguntas: '¿Cómo saldré de esto?', así que vuelves a beber y a jugar. No darte cuenta de que eres una persona enferma es horrible. Solo me volví a sentir vivo cuando ya no tuve nada".

Paul Merson concluía explicando una anécdota que ocurrió jugando para el Aston Villa: "Jugábamos fuera, ante el Charlton, y nadie quiso compartir habitación conmigo, porque me pasaba el rato jugando, no dormía la siesta y quería romperme los dedos para evitar toca el teléfono. Así de grave era". La situación que se encontró el técnico alsaciano cuando fichó, como podéis comprobar, no era la ideal.

Otra de las características que se podrían destacar del francés es su gusto por moldear a los jugadores jóvenes. José Antonio Reyes fue el único fichaje del Arsenal durante el invierno de la temporada 2003-2004. El utrerano, canterano del Sevilla, salió del club de Nervión siendo el debutante más joven de la entidad en Primera División. Lo había logrado en la temporada 1999-2000, con solo 16 años, en el minuto 86 de un partido en la Romareda, el estadio del Real Zaragoza. El club sevillano bajó esa misma temporada, pero, tras conseguir de nuevo el ascenso a Primera, también estableció el récord de ser el jugador más joven de la historia de la máxima división del fútbol español en marcar un gol. Un extremo con una calidad espectacular en su pierna zurda, velocidad, desborde... Un puñal.

Wenger quedó prendado de él y pagó 20 millones de euros[6] para hacerse con sus servicios. Bruno Alemany destaca del entrenador "su obsesión con los jóvenes talentos, intentar tenerlos controlados, fichar al joven *crack*. Y es verdad que el nivel al que estaba jugando Reyes era brutal. Un futbolista con un talento para ir sobrado. Que si hubiese tenido más cabeza sería campeón del mundo en 2010. Pues él buscaba tener controlada a una gran estrella. Y Reyes era un futbolista que a nivel físico y táctico necesitaba trabajo, pero que el talento lo tenía. Y Ljungberg, por ejemplo, era un gran llegador, pero Wenger vio que en la banda derecha su equipo podía evolucionar con una pieza que fuera más capaz de tirar la puerta abajo en partidos más cerrados, de marcar goles —aunque Ljungberg también marcaba—, pero, en definitiva, que marcara las diferencias por sí mismo. Ya tenía a Henry cayendo en la izquierda y le faltaba una pieza diferencial en el uno contra uno para el otro lado. Ljungberg tenía otras cualidades, se asociaba bien y llegaba bien al área —daba mucha verticalidad—, pero con Reyes ganaba autosuficiencia".

El conocimiento que Wenger tenía del fútbol a nivel mundial, también de los jugadores, era uno de los

---

6 Dato extraído de Transfermarkt, página web especializada en traspasos.

atractivos de ese Arsenal. Para David Dein: "Era uno de sus grandes atributos. Su conocimiento enciclopédico de jugadores de todo el mundo era… Además, claro está, de su conocimiento del fútbol francés. Ahí dominaba. Claro, hablamos de jugadores que eran desconocidos en Inglaterra. Ahí teníamos ventaja".

Muy pronto los jugadores descubrieron que jugar a las órdenes de Wenger significaba aumentar las posibilidades de mejorar su talento. Por ejemplo, Ljungberg escogió el Arsenal por su historia, porque era un equipo ganador y por su conversación con Wenger: "Hablamos de fútbol, cómo veía él el fútbol, la cultura que quería para su equipo… Fue por eso por lo que escogí el Arsenal". El técnico siguió siendo básico en los fichajes del Arsenal hasta su marcha. Su capacidad de convicción, y el poder que emitía su figura, lograron que muchos jugadores eligieran el Arsenal por encima de mejores contratos económicos o, incluso, mejores situaciones deportivas.

"Era el faro del club, la estabilidad" son palabras de Ignasi Miquel[7], futbolista catalán que llegó al Arsenal en 2008. "Cuando las cosas iban mal, el club se apoyaba en Wenger. Cuando falta esta figura, se necesita una reestructuración. Es muy difícil. A mí me impuso mucho su planta cuando lo conocí. Sí que es verdad que luego es simpático y que el día que llegué se molestó en perder el tiempo para saludarme y conocerme. Creo que ha pasado como con el Manchester United. Cuando alguien lleva tanto tiempo, tiene tanto peso en el club, sabe cómo funciona el vestuario y mueve tan bien a los jugadores, se genera una transición difícil cuando marcha. No es fácil encontrar

---

7   Ignasi Miquel pasó por la cantera del FC Barcelona antes de firmar por el UE Cornellà, de donde lo ficha el Arsenal FC. Jugó cedido en el Leicester City antes de dejar los gunners e irse al Norwich City.

un entrenador de estas características, con esta personalidad, y que sepa sacar rendimiento a la plantilla en general. A Wenger se lo debo todo en el mundo del fútbol. Me dio la experiencia que tengo ahora de haber debutado en Inglaterra y como profesional, y confió bastante en mí, aunque luego no acabara de echar raíces. Solo tengo buenas palabras para él", destaca el ex-defensor del Arsenal.

El entrenador alsaciano tenía muy claro, en base a su experiencia, qué distingue a un buen jugador de uno mejor en la Premier League: "A partir de los *test* de personalidad que realizábamos con Jacques Crevoisier, comprendimos que una motivación constante resulta clave para que un jugador alcance el éxito. Los jóvenes necesitan modelos de los que aprender. Para triunfar hay que ser especial, pero nunca se tienen todas las cualidades. En el fútbol hay tres puntos clave: control de balón, toma de decisión y calidad de la ejecución. Observamos que lo que diferencia a los jugadores es cómo procesan la información. En la Premier League, los buenos jugadores reciben entre cuatro y seis datos en los diez segundos anteriores a la recepción del balón; y los muy buenos, entre ocho y diez. Por eso es importante desarrollar ejercicios que permitan procesar mejor la información".

Tener una figura como la de Arsène Wenger, y todo lo que él representaba, era como contar con un escudo. Presiones internas, externas, ataques de la prensa, malas actuaciones, polémicas... A un club de élite, en el mundo del fútbol, lo rodea un panorama mediático que puede ser muy potente. Y puede serlo para bien, encumbrando sus mejores momentos, pero también sumamente destructivo en los malos. Cuando Ignasi Miquel destaca del técnico francés que era el "faro" y la "estabilidad", no son palabras elegidas al azar. Lauren lo explica: "Esa presión el primero en disiparla era Wenger. Te quitabas de que salieran a la luz posibles discusiones que son normales en un entrenamiento, pero que la prensa ayuda a magnificar. Y más en un equipo competitivo. De lunes a viernes imagínate la que se podía montar ahí. Pues Wenger impidió que entrara la prensa para evitar todo eso, que no hacía más que añadir presión. Es una forma de liberar la presión. Otra era intentar que, a nivel individual, cualquier cosa que pasara, cualquier queja o protesta entre nosotros, fuéramos a hablarla con él. Es decir: si yo no estoy jugando, en vez de usar al amiguito de la prensa, voy directamente a él. Y él te daba las razones o ayudaba a resolver el problema. Si algún futbolista busca ese tipo de confrontación, de ir a la prensa a hablar, o genera este tipo de situaciones, Wenger tenía la potestad de decirle al club 'que venga otro futbolista'. Había mucha connivencia entre él y el director deportivo, con lo cual él controlaba la parte deportiva. El discurso que se daba a nivel exterior no generaba presión a la plantilla".

"Si tengo que describirlo, la palabra sería integridad", explicó Mikel Arteta, entrenador del Arsenal en el momento de escribirse este libro, durante la presentación del documental *Arsène Wenger: Invincible*. "Sus valores como persona, y cómo protegió al club... Sus decisiones siempre las tomaba en beneficio del Arsenal".

El aspecto humano de Wenger es uno de los que más marcan la diferencia respecto a otros entrenadores, y más en la época en la que el francés da sus primeros pasos en la liga inglesa. Esto es así hasta el punto de que, cuando acometía un fichaje como el de

Lauren, se interesaba en profundizar en la persona que había detrás del futbolista. El técnico se reunía con su potencial siguiente incorporación para conocer un poco más qué pasaba por su mente, cuál era su situación familiar, aprender de sus orígenes, su relación con los agentes... Cualquier pequeño detalle era importante para que Arsène Wenger estuviera al 100 % seguro de que ese paso que iba a dar, contratando ese jugador, estaba bien dado.

"Inicialmente tengo una entrevista con Wenger en casa de Dein y él intenta indagar en la personalidad del futbolista... Como jugador ya me conocía y su idea de juego la tenía totalmente clara. En la reunión que tuvimos me quería conocer a nivel personal, a ver si podía devolverle los estímulos que me planteaba. Y también tenía claro en qué posición, por su idea de juego, yo podía desarrollarme en función de mis condiciones y capacidades. Lo que pasa que yo no era consciente", explica Lauren, que también deja una anécdota que nos permite entrever parte de esa personalidad que destacan los que conocen a Wenger: "Tuve una conversación con el míster y le comenté eso, que hacía bastante frío, que llovía constantemente y que, a nivel familiar, no tanto por mí, estaba siendo complicado. Y él me dijo que todo no se puede tener en la vida, 'esto es el Arsenal, una institución brutal y no se puede tener todo'. Eso te hace tenerlo más claro y luego lo trasladas a tu familia. Él te hace ver lo positivo de lo que era la realidad. Esa realidad a nivel familiar pues se veía menos, comparando de dónde veníamos[8], pero eso me ayudó a ver las cosas de otra manera".

Un vestuario de un equipo de fútbol —en realidad de cualquier deporte de equipo, pero en el fútbol hay plantillas de 25 jugadores— puede albergar caracteres muy diferentes, intereses opuestos, egos... Es un mar de posibilidades en ese sentido. Esa amalgama de personalidades puede acabar generando una unión totalmente homogénea o, por lo contrario, desembocar en algo más heterogéneo. La historia de este deporte hace ver que, cuando un vestuario funciona, es cuando, dentro de ese espacio sagrado para los deportistas, los modos de ser se complementan. "Por eso quería conocer a la persona antes de fichar al futbolista. Con la red de ojeadores que tenía a nivel internacional, ya sabía de sobras cómo era ese jugador en el ámbito estrictamente futbolístico. Él quería conocer a la persona, y en función de lo que él perciba de la persona te pone herramientas para que cuando estés en la ciudad deportiva, en la zona de almuerzo... Te sientas en casa. Porque si te sientes a gusto y consideras la institución por la que trabajas como parte de tu familia, vas a rendir más que si tú vas al trabajo y te da igual el entorno y el club. Cuando hablo de las herramientas, me refiero a captar cómo es el futbolista, cuál es su entorno y qué se puede hacer para que ese futbolista se sienta a gusto en la institución y la considere parte suya y de su familia. En ese sentido, Wenger hizo hincapié en cada uno de nosotros. No porque tú hagas eso lo vas a lograr, porque el fútbol no son matemáticas. Pero sí es cierto que cuanto me-

---

8   Lauren Bisan-Etame Mayer se cría en la ciudad de Dos Hermanas, en Sevilla. Se formó en las categorías inferiores del Sevilla FC, pasó por el Levante UD y, tras brillar ahí, recaló en el RCD Mallorca, que lo catapultó a la élite de la mano de Héctor Cúper. En Mallorca gana la Supercopa de España y disputa la final de la Recopa de Europa contra la Lazio.

jor hagas tú las cosas y sigas una metodología, al final más posibilidades tendrás de ser exitoso".

Como comenta Lauren, el fútbol no es matemático y no porque una vez haya salido bien algo, significa que funcionará siempre. Pero también es verdad que tener las cosas claras desde un principio, saber qué camino escoger y cómo hacerlo, ayuda a que todo fluya de una forma más natural. Y si, además, tienes los ingredientes de primera calidad, es difícil que el resultado no acabe dándose.

La llegada de Arsène Wenger fue todo un *shock* en todos los aspectos, no solo por su personalidad y forma de hacer las cosas. "Se juntaron muchas cosas. Para empezar, un entrenador revolucionario como Arsène Wenger, que no solo transformó al Arsenal, sino a todo el fútbol inglés. A Sir Alex Ferguson no le quedó más remedio que copiar muchas de las innovaciones de Wenger, no solo desde el punto de vista de la metodología del entrenamiento, sino también en cuestiones de nutrición o preparación física", explica Ilie Oleart, fundador y director de *La Media Inglesa*.

La Premier League de 2002-2003 fue una en la que la rivalidad entre el club londinense y el Manchester United, que llevaba creciendo desde la llegada de Arsène Wenger al banquillo *gunner*, empezó a llegar al límite. La temporada anterior los londinenses habían levantado el título en Old Trafford y eso prendió aún más la mecha de los diablos rojos, que pelearon hasta el final la competición doméstica 02-03. Ocho puntos le sacaban los pupilos de Wenger a los de Sir Alex Ferguson en marzo, para acabar cinco por detrás de sus rivales. Algo que, tras las declaraciones del técnico francés a principio de temporada: "Es posible ganar la liga sin perder ningún partido", aún causó más frustración en la plantilla y afición *gunner*. En el documental oficial que realizaron desde el club, los jugadores achacan el mal rendimiento de final de temporada a "la presión" de esas palabras de su entrenador. Una presión que, como se verá más adelante, acabó forjando un carácter no solo ganador, sino que también ultra competitivo. "Ser invencible está relacionado con la resiliencia. Es algo profundo, un rechazo a perder. No ceder, nunca", dice el propio Arsène Wenger en el documental sobre este logro.

CAPÍTULO 2

CARÁCTER

"Los partidos ganados son recuerdos valiosos, mientras que los perdidos, los que temo revivir, me siguen obsesionando con los años. ¿Qué tenía que haber hecho? ¿Qué ocurrió? Mi vida entera osciló entre el amor a la victoria y el desprecio a la derrota". Palabras de Arsène Wenger. Si el líder del vestuario tiene esa mentalidad, o los jugadores acompañan o se rompe la sintonía entrenador-jugadores.

No es posible hablar del Arsenal de los Invincibles sin mencionar una característica intrínseca en prácticamente todos los jugadores de esa plantilla. Cuando el 1 de julio de 2003 el guardameta Jens Lehmann se convirtió, a sus 33 años, en nuevo futbolista del club, no solo lo hizo porque fuera un buen portero. Arsène Wenger buscaba en él a alguien "preparado para morir por ganar". Un carácter, y hay que quedarse con esta palabra, importante hasta en los entrenamientos.

El nivel de exigencia de los jugadores de ese equipo llegaba hasta los partidos de preparación durante la semana. Nadie mejor que Lauren para darnos su punto de vista desde dentro: "Sí que es cierto que en los partidillos nadie quería perder porque teníamos una mentalidad de querer ganar siempre. Había muchas fricciones entre nosotros, pero en el buen sentido. Pat Rice era el único que se atrevía a pitar porque después, siempre, la gente que perdía tenía discusiones con los miembros del *staff*. Por eso ellos evitaban la confrontación con los jugadores, porque sabían que éramos muy competitivos. Wenger se ponía a un lado y observaba desde ahí para sacar sus propias conclusiones". El mismo entrenador alsaciano tomó una medida que hoy en día es habitual, pero que en ese momento no lo era tanto. Seguramente empujado por el fuerte carácter de sus jugadores, y las pequeñas rencillas que de ahí podían surgir, decidió que la prensa no pudiera entrar en la ciudad deportiva: "Te hablo del año 2000, que no era algo tan normal. No veían los entrenamientos. Solo podían entrar un día a la semana. Y ese día, determinados jugadores eran los encargados de atender a la prensa. Y esa presión te la sacas. Te quitabas de que salieran a la luz posibles discusiones que son normales en un entrenamiento, pero que la prensa ayuda a magnificar. Y más en un equipo competitivo. Imagínate la que se podía liar ahí de lunes a viernes", explicaba Lauren.

"Una sesión de entrenamiento era muy intensa. Creo que es lo que nos hizo invencibles, esa mentalidad. Entrenábamos igual que jugábamos. De hecho, muchas veces, los entrenamientos eran más difíciles que algunos partidos. Nadie escondía la pierna, ningún jugador. A veces daba hasta a miedo. Era una pequeña guerra cada sesión", confirma Gilberto Silva a *Goal*. "Había mucha tensión en los entrenamientos, cada día. Martin Keown estaba siempre hablando y

Jens Lehmann gritando desde la portería. Una vez le dijo a Henry que bajara a cubrir a alguien y él le contestó: 'Relájate un poco, ¡es muy temprano!', y acabamos riendo todos. Jens estaba siempre concentrado. Para él un entrenamiento era como un partido. Si había un córner y un jugador le molestaba, le empujaba como haría en un partido. Otra anécdota es una pelea en un entrenamiento entre Kolo Touré y Pascal Cygan. Se llegaron a empujar y tuvimos que separarlos. Arsène los mandó al vestuario y todos pensábamos que ahí se matarían. Pero cuando llegamos estaban riéndose juntos. Esa era la mentalidad. Si había un problema en el campo, lo solucionábamos antes de volver a casa. Nos defendíamos los unos a los otros. Era muy duro en los entrenamientos, pero si luego en el campo alguien tenía un problema con un oponente, saltábamos todos. Había entradas fuertes y discusiones, pero al final del día respondíamos todos por los demás y nos protegíamos".

Cuando Amy Lawrence escribió el libro *Invincible: Inside Arsenal's unbeaten 2003-04 season*, contó con las voces de varios de los jugadores que formaron parte de esa plantilla y lo que más le impresionó de esos jugadores fue "la confianza, inteligencia, determinación, mentalidad ganadora, preocupación, curiosidad... Muchos de ellos se han hecho entrenadores. No todos con buenos resultados, pero tampoco es fácil. Todos tenían tanta personalidad que podían decirse lo que pensaban el uno del otro, apretar al compañero, desafiarlo e intentar sacar lo mejor para ganar".

Estos mismos jugadores explican que no siempre era sencillo, pero si algo había entre ellos en ese vestuario era comunicación. "Hablas de jugadores muy experimentados, grandes nombres. Algunos eran arrogantes. Sin ser negativo, arrogantes en el buen sentido. Todos teníamos nuestra opinión. Y a veces discutíamos. Pero todos podíamos entender la visión del otro. No aceptaríamos que eso se convirtiera en algo más grande o en una pelea. Creo que es bueno contar con esto en un grupo. Todos tenemos nuestro ego, pero sabíamos parar", explica Dennis Bergkamp, y añade: "Un buen entrenador sabrá escuchar a sus jugadores. Sabrá qué ocurre dentro de su plantilla. Arsène era brillante en eso. Es hablar de jugadores en confianza, hablar de fútbol en confianza. Sabíamos que, si con Vieira hablábamos de Kolo Touré o Sol Campbell, eso se quedaría entre nosotros. Pero al mismo tiempo, cuando hablásemos con esos jugadores les diríamos exactamente lo mismo. No se trata de generar negatividad".

Martin Keown apuntaba en la misma línea: "Teníamos reuniones entre nosotros. No hacía falta esperar al entrenador. Si teníamos que hablar entre nosotros, lo hacíamos. Hablémoslo. Mucha gente del vestuario alzaría la voz, se preocuparía por el equipo. No le estamos haciendo el trabajo al entrenador. No. Él promueve este tipo de liderazgo. Autoaprendizaje. Somos nosotros los que salimos a jugar, los que estamos ahí en medio. El grupo. Había muchos líderes. Si teníamos que reunirnos, nos reuníamos". Esto último era una de las claves del equipo. El liderazgo. La preocupación por el equipo. El no tener que demostrar nada a nadie, pero aún y con eso, querer ser siempre el mejor. Y no hay que confundir eso con estar siempre de mal humor, discutiendo o presionando a los compañeros, pero tampoco estar siempre haciendo bromas o descuidando las obligaciones de cada uno.

Viniendo del Tottenham, un club que, a pesar de su historia, tiene esa aura de no ganar títulos, Sol Campbell era plenamente consciente de lo que necesitaba ese vestuario para acabar teniendo éxito: "La tensión es normal. Y con una tensión sana, se crece. Como humano, como club, no puedes estar siempre bailando y cantando. No funcionará. Tienes que saber quién es el que está a tu lado. Y saber si lo va a dar todo cuando el partido se ponga complicado".

El objetivo estaba claro: "Queríamos hacer historia. No estábamos aquí para perder el tiempo o ganar dinero. Nos respetábamos mucho. Éramos amigos. Y esto es lo bonito porque es complicado de conseguir. No es fácil de repetir. No se compra. Es como si todo se hubiese alineado. Digamos que todo ocurrió en el transcurso de tres, cuatro o cinco años. Algunos jugadores que vinieron, otros que se fueron... Todo ayudó para que esto fuera así de especial", añade el central inglés, que cruzó la acera para firmar por el Arsenal en uno de los traspasos más sonados de la historia de la competición.

Ignasi Miquel llegó al Arsenal en 2008, tras haber pasado, entre otras canteras, por La Masía, la famosa academia del Fútbol Club Barcelona. El defensa firma por el club londinense dos años después de la nefasta final de la UEFA Champions League que el Arsenal pierde, precisamente, contra el Barça en París. A su llegada aún quedan algunos jugadores de los Invincibles, pocos, pero a pesar de eso, varios siguen entrenando con el primer equipo en ciertos momentos. "Pirès y Henry entrenaban algunos días con nosotros, Sol Campbell estaba como entrenador, Lehmann... Algunos jugadores volvían para ponerse en forma para firmar por otros equipos, o para ser entrenadores y hacer las prácticas. Te dabas cuenta de su personalidad, de que lo que te cuentan es cierto. Se palpa cuando hablas con ellos. Te transmiten seguridad en ellos mismos, ganas de competir, de ser mejor que tu rival en todo".

Este aspecto del juego facilitaba en cierta parte afrontar los partidos más complicados del calendario. "Gestionar estos partidos no era difícil por cómo era la plantilla. El mismo Lehmann metía una presión a los entrenadores de porteros, por ejemplo, porque siempre quería más. Henry, Vieira... Todos querían más. Dennis Bergkamp era tremendamente competitivo y un ganador. Muy frío, no hablaba absolutamente nada, por eso lo de Iceman. Él y Kanu, por carácter, parecía que no estaban en el vestuario. Pero luego eran tremendamente competitivos. Cuando te ponías a su lado notabas que querían ganarlo todo. Te hacían partícipes de su genialidad. Esa aura se expandía al resto del equipo. Por eso conseguimos aquello", comenta Lauren.

El internacional por Camerún explica que "todos queríamos ser mejores. Nos alimentábamos nosotros mismos. Lehmann, Ashley Cole, yo, Henry... Él quería ser el mejor todos los días. Es que Henry quería ganar a absolutamente todo. A las cartas, las pachangas... Cualquier situación que tuviera competición, quería ganarla".

De hecho, para ejemplificar aún más las ganas que tenían todos los miembros de esa plantilla, cuentan una anécdota muy divertida de cuando Kolo Touré estaba a prueba en el Arsenal. En medio de un partidillo, había hecho ya algunas entradas muy fuertes a jugadores importantes como Thierry Henry o Dennis Bergkamp. Parecía intentar sabotear a los mejores jugadores del equipo. Pero su siguiente víctima fue aún más increíble: Arsène Wenger. Recuerdo que el central estaba a prueba. El técnico controló el balón y el defensa marfileño no dudó en mostrar sus ganas de luchar haciéndole un *tackle* (palabra inglesa que sirve para describir una entrada deslizándote por el suelo para robar el balón). El resto de los jugadores no podían creérselo. El preparador acabó con hielo en el tobillo, pero con una respuesta a eso: "Me gustan sus ganas. Lo firmamos mañana mismo".

"Creo que ese *tackle* cambió mi carrera. Le demostró al entrenador que quería tener éxito y cuántas ganas tenía de ser profesional. Así se lo tomó él. Todos los jugadores se pusieron a reír y yo me quedé en *shock*. Pensaba que me iban a echar, pero Arsène es un tipo inteligente. Solo vio un chaval joven, africano, que quería impresionarlo. Por eso me dio la oportunidad de expresarme tal y cómo era, y demostrar de qué era capaz", explica el propio Kolo Touré.

Y fueron estas ganas, precisamente, las que más promovieron que se consiguiera este título "imaginario" que era la imbatibilidad. A lo largo de 38 jornadas, en una competición como la Premier League, cualquier equipo se encuentra con momentos de dificultad: lesiones, expulsiones, fatiga mental, física, un mal partido... Mantener un mismo nivel durante todo el curso es una tarea que se podría definir, como mínimo, de muy exigente. Y sí, hubo malos momentos en los que el carácter ganador y el "odiar perder", que llevaban dentro la gran mayoría de los jugadores del equipo, salieron a la luz como un volcán en erupción.

El Arsenal empató 12 encuentros esa temporada. Algunos por mérito del rival, y otros, también, por mérito *gunner*. Pongámonos en situación.

El 13 de septiembre de 2003 se jugaba en Highbury la jornada cinco de la Premier League. El Arsenal recibía al Portsmouth, que venía invicto y que se puso por delante con un gol de Teddy Sheringham en el minuto 29. A pesar de que en la segunda parte el conjunto dirigido por Wenger mereció la victoria, solo consiguió empatar. El 26 de octubre de ese mismo año, ante el Charlton Athletic, un nuevo tropiezo del Arsenal. El equipo fue a remolque después de un gol de Di Canio de penalti, pero Henry de falta directa pudo empatar un encuentro que los gunners no empezaron bien.

La jornada 15 conllevaba una visita al estadio del Leicester, ahora conocido como King Power Stadium, con las bajas de Patrick Vieira y Thierry Henry. El equipo acusó la falta de dos de sus mejores jugadores y el ritmo de pases de los pupilos de Wenger era tan lento que no era capaz de generar espacios. Quién sí encontraba espacios, pero no los aprovechaba, era Les Ferdinand, que tuvo varias ocasiones antes de que Gilberto Silva pusiera al Arsenal por delante. En el descuento, Craig Hignett lo empató para los foxes.

Sam Allardyce fue uno de los entrenadores que más cerca estuvo de acabar con esa imbatibilidad. Fue en diciembre, el 20, en la jornada 17 de competición. El Arsenal iba al Reebok Stadium de Horwich, donde juega el Bolton Wanderers, y lo pasó realmente mal. El técnico inglés supo cómo jugarles a los hombres dirigidos por Wenger, que ya contaban con Thierry Henry de vuelta. Lo hizo, en parte, gracias a la superioridad en el juego aéreo de Kevin Davies sobre Pascal Cygan. De hecho, una dejada de cara del delantero a Henrik Pedersen hizo que el Bolton pudiese empatar un partido que Jay Jay Okocha tuvo en sus pies, pero mandó el balón al palo. Lo recordará bien Lehmann, ya que fueron 90 minutos de mucho trabajo para el guardameta alemán, que logró encajar un único gol a pesar de los intentos locales.

Y como es de esperar, cuando más sufrió el Arsenal para mantener la imbatibilidad fue habiendo alzado ya el título de liga. Las jornadas 35 y 36, ante Birmingham y Portsmouth respectivamente, fueron dos partidos en los que la resaca del título casi le cuesta un disgusto al equipo. En el primero, en Highbury, Lehmann volvió a ser fundamental para lograr que los de Wenger, que hicieron 90 minutos muy malos, no perdieran. Y en el segundo, a la media hora de juego ya perdía el Arsenal, que solo consiguió empatar gracias a que José Antonio Reyes marcó un buen gol de volea. El propio Reyes y Henry tuvieron sendos disparos al palo, mientras que Yakubu falló un uno contra uno ante Lehmann. Ray Parlour pone luz a lo que era palpable, la confianza extrema que tenían los jugadores en la plantilla: "El túnel de Highbury era muy estrecho, podías notar los nervios de los rivales. Los mirabas y veías que estaban fijándose en Henry, Bergkamp... Grandes jugadores jugando juntos. Notabas que estaban pensando en encerrarse y defender el resultado lo máximo posible. En perder, al menos, solo por 1-0 o 2-0. Eso era un buen resultado. Solíamos decir: 'Ellos piensan que ya han perdido, no los defraudemos'".

Y es que si de algo iba sobrada esa plantilla era de líderes. "Ese equipo tenía gente muy potente a nivel mental. Tenemos que recordar las que tuvo Lehmann con Kahn en la selección. Un personaje controvertido, pero era un ganador. Yo entiendo que era el tipo de futbolista que no te dejaba pasar ni una, si en un entrenamiento no lo dabas todo", confirma el perio-

dista español especializado en fútbol internacional Bruno Alemany.

Evidentemente no es el único nombre que sale a la luz: "Jugadores como Campbell, que solo con su presencia intimida, pero que además da la sensación de ser un jugador con mucho carácter, intensidad, profesionalidad. Patrick Vieira, Gilberto Silva… Gente con mucho carácter atrás que, entiendo, imprimían esa competitividad y ganas de ganar a los de arriba, que puede que tiraran más de talento". Bruno, además, apunta a otra figura vital en esa capacidad de expresar competitividad en cualquier situación, prácticamente, de la vida: "Wenger es muy competitivo y aunque tenga otro carácter más tranquilo, se adaptó a lo que es el fútbol inglés. A pesar de llevar ese perfil de no dar demasiados titulares, se enfrentaba a una bestia como Ferguson, que encima no solo no rechazaba el cuerpo a cuerpo, sino que incluso le iba bien. Wenger también mandó ese mensaje de competitividad. Aunque ahora se lleven bien y hablen maravillas el uno del otro, hubo momentos de tensión y es normal. Una tensión que también tiene con Mourinho años después, y eso demuestra que se supo adaptar".

"Estaba dispuesto a morir por su equipo y yo por el mío. Estábamos enfrentados. Un enfrentamiento basado en la competición. Ferguson era un hombre apasionado, muy competente, con una autoridad aplastante en el fútbol inglés gracias a su carácter y al poder de su club. Ejercía una especie de presión inconsciente sobre todo el mundo, incluso sobre los árbitros. Era un hombre respetuoso y con clase. Por supuesto que entre nosotros hubo muchos enfrentamientos, mucha ira, y no era un juego, no lo hacíamos por el espectáculo. Lo vivíamos todo al máximo y solo pensábamos en la victoria", explica Wenger en su autobiografía *Arsène Wenger: La filosofía de un líder*. "Ferguson sabía de quién rodearse, no se conformaba con el éxito, era de un pragmatismo muy eficaz que le permitía eliminar cualquier cosa que le impidiera ganar. Era un gran líder que tomaba buenas decisiones y dominaba el factor psicológico del juego", dice del entrenador escocés.

El técnico alsaciano, como subrayaba también Lauren, fue esencial en la explosión de carácter del equipo, no solo permitiéndolo, sino que también alimentándolo con esos partiditos de los entrenamientos y los piques con los entrenadores rivales.

CAPÍTULO 3

PARTIDOS CLAVE

"En realidad son dos demostraciones de la capacidad del equipo para sobreponerse a las adversidades, algo que contrasta con el Arsenal post-Wenger". Ilie Oleart da con una de las claves que tocaremos más adelante, pero que también nos sirve ahora. Y es que seguro que lo habéis notado. Después de destacar varios partidos en los que el equipo mostró ese carácter que le permitió acabar la liga sin perder, faltan dos encuentros que, probablemente, sean los más importantes. En uno de ellos el peligro fue real. En el otro, el contexto hizo aparecer los fantasmas. Empezaremos por este último.

Y para situarnos en este partido, como decía, hace falta un contexto. El día 3 de abril de 2004, el Arsenal se jugaba el pase a la final de la FA Cup en Villa Park, ante el Manchester United. Ese día, antes de arrancar el encuentro, tenía por delante el objetivo de conseguir los tres títulos a los que aún aspiraba: FA Cup, Champions League y Premier League. En los primeros compases de un encuentro en el que Henry es suplente, los gunners tienen hasta cuatro ocasiones clarísimas de gol. Las dos primeras de Dennis Bergkamp que, en una doble oportunidad, ve como Wes Brown, desde la línea, saca a córner su segundo disparo. Y es en ese mismo córner, en el minuto tres de partido, que Edu Gaspar manda una vaselina al travesero. El rechace le cae a la cabeza de Kolo Touré, que remata a placer desde unos dos metros de distancia de la línea, pero aparece Carroll, portero del Manchester United ese día, para evitar un gol que parecía cantado. A la media hora de juego, un gran pase entre líneas de Neville a Giggs deja solo al galés para que ponga el pase atrás al punto de penalti y, ahí, Paul Scholes anote el que, a la postre, fue el único gol del encuentro.

"Me da la sensación de que era un equipo que, poco a poco, se fue dando cuenta de que estaba ante una posibilidad histórica. No solo de ganar la Premier League, sino de hacerlo de manera que fuera un equipo recordado para siempre. Al final, mentalmente, ocupaba mucho el hecho de ganar y cómo hacerlo. Pero vas ganando partidos y podría pasar que acabas priorizando. Y a la Premier se le da mucha importancia en Inglaterra, por eso creo que priorizaron ganar de esta manera. Al final puede que les fuera en contra porque pudieron haber ganado más títulos...", dice Bruno Alemany.

Fue un revés del que el equipo debía recuperarse lo más pronto posible, puesto que solo tres días después, el 6 de abril de 2004, el Chelsea visitaba Highbury en la vuelta de los cuartos de final de la UEFA Champions League. En la ida, el Arsenal se llevó un 1-1 de Stamford Bridge en un partido que el equipo dominó y mereció ganar. Para Patrick Vieira: "Perdimos la oportunidad de sentenciar la eliminatoria. Se olía que podíamos haber tirado nuestra oportunidad. El Chelsea tuvo suerte. Las sensaciones cambiaron al final, pues se llevaron un empate aún estando en inferioridad numérica. A nosotros nos entraron las dudas y a ellos la confianza".

El partido arranca con un buen Arsenal. Los franceses Thierry Henry y Robert Pirès tuvieron dos buenas ocasiones antes de que José Antonio Reyes aprovechara un buen servicio de cabeza de Henry para fusilar la portería del Chelsea justo al borde del descanso. El Arsenal estaba por delante. Pero fue un espejismo. Al volver de vestuarios, Frank Lampard es el más listo de la clase para ser el primero en llegar al rechace que Lehmann deja del tiro de Makélélé y empatar el encuentro. El resultado de la ida ya había sido 1-1, así que estaban empatados a todo. Eso sí, las más claras de la segunda mitad fueron *blues.* Lampard rozó el palo desde la frontal del área, antes de que Kolo Touré lo probara desde su casa en un tiro que hizo intervenir a Ambrosio, el portero del Chelsea ese día. Ashley Cole tuvo que salvar sobre la línea un intento de Gudjohnsen, que después sería coprotagonista del desenlace. Y es que el protagonista principal fue el lateral zurdo Wayne Bridge, que tiró la pared con el islandés para cruzársela a Jens Lehmann y anotar el 1-2 definitivo, que dejaba al Arsenal sin opciones en FA Cup ni UEFA Champions League en un plazo de tres días.

17 partidos consecutivos sin perder ante el Chelsea… Para que ocurra esto en el peor momento. Un rendimiento, según el capitán Vieira, "insuficiente en Champions", a pesar de que para Ray Parlour "pen-

sábamos que, de verdad, iba a ser nuestro año en Champions". Dennis Bergkamp, a Amy Lawrence, le reconoció que "nos faltó confianza en esos partidos. Pero si miras el nivel del equipo, pudimos y debimos haberlo hecho mucho mejor. Especialmente en esa eliminatoria contra el Chelsea. Fue una lástima".

"Después del partido contra el Chelsea... Perdemos en casa contra ellos, dándose la casualidad de que habíamos jugado en contra suyo en FA Cup, en Champions... Todas las eliminatorias contra ellos. Ganamos todas, pero perdemos la más importante, la de la Champions. Y eso es un punto de inflexión, claro. Wenger nos dijo: 'O bajamos mentalmente y nos lamentamos, o revertimos la situación y nos sirve para ir a por ello con más fuerza aún'. Estamos eliminados de la Champions, pero vamos a ganar lo que tenemos enfrente. Y el equipo reaccionó", explica Lauren, lateral derecho titular del equipo.

Punto de inflexión. Posiblemente las tres palabras que mejor describan el partido de Premier League que llegó justo después de estos dos batacazos. "A esas alturas de temporada... Eso sí se sintió como un punto de inflexión. Daba la sensación de que el hielo del puente podía estar rompiéndose e íbamos a caer, a pesar de que necesitábamos llegar a la otra orilla. La temporada entera estaba en riesgo. No solo la invencibilidad. Una semana antes el Arsenal apuntaba a la Champions League, la Premier League y la FA Cup. Y, de golpe, al descanso, todo es un desastre. En Highbury el sentimiento era el de estar en *shock*. La gente no podía ni hablar. Como si primero nos hubiesen cortado un brazo, luego el otro, y finalmente fueran a cortarnos la cabeza. ¿Cómo puede estar pasando esto?", reflexiona Amy Lawrence.

Lo que ocurrió ese 9 de abril de 2004 en Highbury fue, como explica Ilie Oleart, "un punto de partida nuevo, donde el objetivo ya no es ganar la liga, sino no perder ningún partido". Y es que tras los tropiezos en FA Cup y Champions League, ocurrió lo peor que podía pasarle a cualquier equipo. O lo mejor, quién sabe. Ese equipo no era uno cualquiera. Y es que, a la salida de un córner, Steven Gerrard al segundo palo, la ponía de cabeza al corazón del área pequeña para que el finlandés Sami Hyypiä cabeceara al fondo de la red. El marcador en 0-1 y Highbury, como describía Amy Lawrence, en *shock*. Delante estaba el Liverpool. "Pareció como si el estadio dejara de respirar. Estábamos teniendo una gran temporada, se hablaba de triplete y, de golpe, lo habíamos perdido todo", le confirma Henry a la periodista de *The Atletic*. Vieira lo describiría como "raro, pasé por diferentes sentimientos. Emocionalmente muy duro". Gilberto reconoce que "todos creímos que podíamos perder ese partido", y Campbell intentaba entender; "¿Qué estaba pasando?".

A la media hora de juego apareció el de siempre, Henry, para calmar un poco las aguas tras una buena asistencia de Robert Pirès. La dupla francesa fue la protagonista del día. La felicidad del empate, de todas maneras, no duró demasiado. Antes del descanso Michael Owen aprovechó una asistencia magistral de Steven Gerrard y cruzó el balón a la salida de Lehmann, que vio como el Liverpool se marchaba a los vestuarios con una victoria momentánea de 1-2 y un estadio prácticamente en silencio.

Arsène Wenger, en el documental sobre los Invincibles, reconoce que "aún recuerdo la tensión en el estadio. Estábamos en *shock*. Con qué velocidad puedes pasar del cielo al infierno. En cuatro, cinco días. La invencibilidad tiene que ver con la resiliencia mental de esa plantilla. Es algo profundo, el rechazo a perder a cualquier precio. Nunca rendirse", a lo que Henry añade que "cuando marcó Owen, pensé que Highbury había muerto. Sentí que se nos había ido algo. Al descanso solo pensaba en volver al campo y deshacer lo que habíamos hecho".

Como Highbury, el vestuario también estaba callado cuando Martin Keown llegó. Según explica "los vi aterrorizados. Había campeones del mundo, campeones de Europa, pero todas estas derrotas en una única semana eran demasiado psicológicamente. Al principio de la semana estábamos vivos en tres frentes y, de golpe, al final de la semana, solo quedaba la liga… ¡Solo la liga!". Keown sintió que tenía que decir algo. Se lo pidió a Wenger. "Escuchad. Nos estamos compadeciendo de nosotros mismos. Este es el mejor grupo de jugadores con los que he jugado nunca. Si cuando salgamos conseguimos ese primer gol, la afición… No están esperando. Lo cambiará todo".

Parece que el mensaje del veterano inglés caló. "Teníamos que sacudirnos la decepción. Es lo que hicimos. No podíamos perder de vista nuestro objetivo. Saltamos al campo de forma muy positiva. Cambiamos totalmente nuestro comportamiento. Debíamos seguir, levantarnos y hacer algo distinto a lo que había sido la primera parte. Unidos encontramos el camino para que el problema no se hiciera mayor", analiza Gilberto Silva.

"Todo el mundo sabía lo que estaba en juego, y por eso la segunda mitad fue el tipo exacto de partido que te hace llorar, que te hace amar este deporte. Las emociones a flor de piel. Del infierno al cielo en 90 minutos". Esta última frase de Amy Lawrence no puede ser más gráfica. Al volver del descanso, el Arsenal tarda cuatro minutos en empatar el encuentro, gracias a un pase genial de Ljungberg para Pirès que el francés aprovecha a la perfección. Pero para perfección, el 3-2 que anotaría Henry un minuto más tarde. "Más que un gol", según el francés. Aspirante a mejor gol de la temporada. Wenger: "Los jugadores especiales encuentran soluciones cuando los necesitas. Fue como una máquina volviendo a funcionar al 100 %", a lo que Ian Wright añade que "una jugada así, tras un partido como ese en una semana como esa… Cosas de Superman".

"Cuando recibo la pelota pienso: Voy a portería, me da igual todo. Cuando marqué sentí que lo habíamos marcado todos. Que habíamos recuperado eso que habíamos perdido", describe el propio Henry en el documental *Arsène Wenger: Invincible*. El Liverpool defiende en bloque muy bajo, cerca del área. Los visitantes, de blanco ese día, despejan la pelota, pero Gilberto la corta en medio campo y se la entrega a Henry, que está cerca de él. El 14 avanza sin oposición hasta que le salta Didi Hamann. Cambia de ritmo y a pesar de que el jugador del Liverpool intenta agarrarle y luego se lanza al suelo a por el balón, el francés lo supera con facilidad. Avanza un poco más y, justo encima de la línea del área, Jamie Carragher, que le está esperando, se come el amago de disparo y pierde la estabilidad. Henry acelera y ya solo tiene a Jerzy Dudek por delante. La pierna diestra del astro francés acaricia el balón para, suavemente, superar al guardameta polaco con un disparo raso al palo largo. Highbury estalla. Henry se besa el escudo mientras mira desafiante a la afición, que lo celebra como si fuera un título.

Y aún hubo tiempo de otro momento feliz con el *hat-trick* de Henry en el 77. Fue de rebote, pero el pase de Dennis Bergkamp es tan bueno que hubiese sido una pena desaprovecharlo. El marcador en 4-2 y la invencibilidad aún era posible. Tras el partido, Henry declaró ante la prensa que "cuando eres un ganador no dudas. Si hubiésemos tenido dudas, no hubiésemos podido remontar. Salimos al campo con mucha hambre, nunca había visto así al equipo. Respondimos con el corazón. Fue extraordinario".

Para Wenger ese fue el partido que le convenció de que iba a ser campeón de liga: "Cuando remontamos contra el Liverpool lo supe. Estábamos hundidos mentalmente después de nuestra eliminación contra el Chelsea, y saber encontrar la manera de remontar ese partido que perdíamos al descanso...".

Pero si la imbatibilidad había llegado hasta esa jornada 31 de Premier League, a pesar de todos los tropiezos en forma de empate y el susto del encuentro ante el Liverpool, fue porque la suerte, que siempre juega su papel, lo permitió. Y quien dice suerte, dice penalti. Y quien dice penalti, dice Van Nistelrooy. Dice Old Trafford. Dice *The Battle of Old Trafford*. Dice la batalla de Old Trafford.

Porque si en un partido estuvo el Arsenal cerca de quedarse sin ese título fue en el que se disputó el domingo 21 de septiembre de 2003, en un Old Trafford prácticamente lleno. 67 639 personas fueron testigos de uno de los partidos más legendarios de la historia de la Premier League. El árbitro fue Steve Bennett y su protagonismo llegaría alrededor del minuto 80 de juego, pero antes ocurrieron muchas otras cosas.

Y es que hablar de un Manchester United - Arsenal es hacerlo de uno de los partidos con más historia del fútbol inglés. El equipo con más títulos de Liga contra el conjunto con más títulos de Copa. El primer partido entre estos dos conjuntos data del 13 de octubre de 1894, cuando el Newton Heath, nombre con el que se fundó el Manchester United, y el Dial Square, nombre de fundación de los gunners, empataron a tres goles. La rivalidad entre estos dos conjuntos creció hasta sus máximos niveles históricos en las décadas de 1990 y los 2000. La competición que se dio entre ambos equipos, sobretodo por los títulos de liga y copa, animaron a que el fuego creciera. Y con ella, las fricciones entre sus entrenadores, dos leyendas del fútbol, y sus dos capitanes, que solo significaron echar más gasolina para el incendio.

Ilie Oleart, fundador y director de *La Media Inglesa*, apunta precisamente a este último punto: "La rivalidad procede, en primer lugar, de los banquillos. Ferguson había luchado mucho para sacar al Manchester United de la mediocridad y establecerle como el gran dominador de la era Premier. Y entonces llega un francés de Japón con pinta de profesor de matemáticas que pretende arrebatarle el trono. Por supuesto, esa rivalidad tiene su plasmación en el terreno de juego con sus capitanes, que además ocupaban la misma demarcación: Patrick Vieira y Roy Keane. Su pelea en el túnel de Highbury es uno de los momentos más icónicos de la historia del fútbol inglés, y encapsula la rivalidad que marcó casi una década, desde la llegada de Wenger hasta la aparición de Mourinho, que es quien rompe esa rivalidad".

Amy Lawrence, periodista de *The Athletic* y seguidora del Arsenal, va un poco más allá: "El partido contra el Manchester United solo fue un punto de inflexión si lo ves con perspectiva. Necesitas el contexto para ver lo significativo que fue. En ese momento fue lo más épico dentro de las batallas que en esos años tuvieron con el Manchester United. Si hablas con jugadores de ambos equipos de esa época, se odiaban de verdad. Normalmente, en el mundo del fútbol, ves como se cambian las camisetas, se saludan... Juegan fuerte, pero al final del partido todos son amigos. Eso, en ese momento, no existía entre esos dos equipos".

El partido estuvo marcado, como prácticamente todos en los que se enfrentaban estos dos equipos, por una dureza especial. Hubo 31 faltas entre ambos conjuntos, 8 tarjetas amarillas y 1 roja. No fue el mejor partido de ese Arsenal, pero ir a Old Trafford no era nada fácil y menos con la rivalidad existente. Avanzaremos por el encuentro hasta prácticamente el final de este.

"Era el mejor partido de la Premier League. Tengo la sensación de que, en los partidos grandes, el Manchester United de Ferguson lo hizo mejor que nosotros. Ha habido muchos años de frustración al jugar contra ellos, así que conseguir un año de imbatibilidad, con el equipo siendo tan bueno y admirado en el mundo entero fue incluso mejor. Había la sensación de que para ser el mejor equipo del mundo había que estar por encima del Manchester United y se logró. Ese penalti de Van Nistelrooy fue el momento de suerte que tuvieron los Invincibles. Lo he visto repetido muchas veces. Cuando lo miras desde la distancia ves que ahí el Arsenal tuvo la suerte de cara. Es uno de esos partidos en los que la suerte te acompaña", explica Tim Payton, portavoz del grupo *Arsenal Supporters' Trust*[9].

En el minuto 77, Quinton Fortune intenta desbordar a Patrick Vieira en banda y el francés lo derriba. Steve Bennett amonesta al francés por reiteración, como le indica con la mano, y el partido sigue. Tres minutos más tarde, en el 80, el capitán del Arsenal se saca un balón de encima con un despeje y Phil Neville la vuelve a meter al sitio de donde venía. Al salto van Van Nistelrooy y el propio Vieira, que protege la posición poniendo el cuerpo mientras el holandés salta con la rodilla por delante, impactando en la espalda del 4. Al caer al suelo, el centrocampista francés interpreta que la acción del delantero del Manchester United no es fortuita y lanza una patada al aire que no encuentra el objetivo. El árbitro, viendo la reacción del holandés a ese no-golpe, decide sancionar la acción por el riesgo que había de que le hubiese golpeado, y le saca la segunda amarilla a Vieira dejando al Arsenal en inferioridad numérica.

"Creo que el jugador que era el enemigo número uno era Van Nistelrooy", explica Amy Lawrence. "No lo podían soportar. Por ejemplo, un jugador como Roy Keane no les gustaba, pero en el fondo lo respetaban. Con Van Nistelrooy no pasaba eso. Tenía este estilo de juego que estaba al límite de la provocación. Intentaba hacer creer que todos estaban contra él, pero que él no tenía la culpa de nada. Y el modo como expulsaron a Vieira fue el ejemplo perfecto de todo aquello que pensaban sobre el holandés. Vieira no lo

---

9 El grupo Arsenal Supporters' Trust nació en 2003 con los objetivos de facilitar una participación más amplia de los aficionados en el club, promover los intereses de los aficionados que poseen acciones en el club, y facilitar y promover una mayor propiedad de los seguidores del Arsenal. Están en contra de que el modelo de propiedad del club sea para una sola persona, en este caso la compañía americana Kroenke Sports & Entertainment (KSE).

tocó y él hizo un gran drama para que el árbitro cayera. Y picó. Los jugadores estaban enfadadísimos". Lo que ocurrió después de la expulsión de Vieira fue una tangana en la que los compañeros del francés se fueron a por un Van Nistelrooy que intentaba justificarse. Lehmann lo señaló directamente a él como culpable de lo que acababa de pasar. Y por si no fuera ya lo suficientemente caliente el partido, en el tiempo de descuento Diego Forlán le gana la partida a Martin Keown en un desmarque y el central del Arsenal comete penalti sobre el uruguayo. Y sí, el que se dispone a lanzarlo no es otro que Ruud Van Nistelrooy.

Solo 11 metros separan al balón situado en el punto de penalti de un Jens Lehmann que, abriendo y cerrando los brazos, se mueve de un lado a otro de la portería intentando intimidar al internacional holandés. "Destino. La vida va de milímetros, de *timing*. Podemos hablar de los Invincibles y fue de milímetros que podamos hacerlo", reconoce Arsène Wenger. El portero alemán se mueve primero a la izquierda, luego a la derecha. A la izquierda de nuevo, a la derecha otra vez, ahora ya más centrado. Van Nistelrooy se lo mira, brazos en jarra. Steve Bennett pita y Lehmann levanta los brazos para hacerse grande.

El holandés se seca el sudor y empieza la carrera hacia el balón. Dos pasos cortitos, arranca con el pie diestro. Lehmann sigue a lo suyo, balanceándose de un lado a otro. En el momento previo al impacto, Van Nistelrooy mira al balón mientras Lehmann se vence a su izquierda. El holandés decide golpear con toda la potencia posible al centro de la portería, pero el balón se levanta más de lo esperado y se estrella contra el larguero de la portería del alemán. Tanta fuerza lleva la pelota, que bota y sale del área pasando por encima de los jugadores que esperaban el rechace en la frontal. Keown, inmediatamente, acude a por Van Nistelrooy, al que, celebrando su error, le recrimina su actitud.

El partido no ha acabado y el Manchester United cuelga dos balones más al área, aunque sin suerte. El último le cae a Van Nistelrooy que, de espaldas y en la frontal, acaba perdiendo el balón.

Ahora sí, Steve Bennett decreta el final del encuentro, aún con el ambiente muy caldeado. Y precisamente ese final es el que acaba de encender la mecha. Algunos jugadores del Arsenal, que estaban cerca de Van Nistelrooy, se acercan para echarle en cara la acción de la expulsión de Vieira. Icónico es Martin Keown saltando justo a su lado, celebrando que han resistido con un jugador menos, y golpeándole al caer. Tras varios empujones al holandés, que hace como que la cosa no va con él, el 10 del Manchester United decide salir de ahí. Pero ya es tarde. La llama ya se ha prendido.

Cristiano Ronaldo, Silvestre, Ferdinand, Phil Neville, Fortune, Gary Neville, Roy Keane... y Ray Parlour, Gilberto Silva, Edu Gaspar, Martin Keown, Kolo Touré y Ashley Cole se intercambian todo tipo de improperios, mientras un poco apartados de ese jaleo, el juez de línea tiene que separar a Lauren y Giggs, que también se las tienen.

"Los jugadores estaban enfadadísimos. Y esta unión que necesitas en un equipo ganador, en el que sientes que todos luchan para y por todos... Se notó cuando vieron cómo había sido tratado un compañero. Se encendieron. Fue un final dramático. Algunos jugadores se avergonzaron porque perdieron los papeles, pero, por otro lado, mostraron que estaban ahí para luchar por el equipo, el club, la filosofía... Podría llegar a verse como algo admirable. Puede que públicamente se viera como una mala imagen, pero de puertas para dentro estoy segura de que se entendió como que estaban ahí para luchar el uno por el otro", analiza Amy Lawrence.

"Vieira era un jugador muy influyente en el vestuario y ver que Van Nistelrooy había simulado y que por eso lo habían expulsado... Van Nistelrooy tenía fama de ser este tipo de jugador en nuestro vestuario. Cuando vi que en el último minuto hice un penalti que nos podía hacer perder y que lo tiraba él... Por eso cuando lo falló pasó lo que pasó, soltamos la frustración de muchos años de victorias del Manchester United. Nos considerábamos unos ganadores. No es el comportamiento perfecto, pero... Nunca pensé que ese fallo tendría tanta importancia, de ese penalti a lo que acabamos logrando luego", explica Martin Keown. Para Henry formaba parte de ese tipo de momentos que, a veces, salen bien porque así tiene que ser: "A veces necesitamos esa suerte para que las cosas cayeran de nuestro lado, normalmente así fue".

La tensión continúa en el camino hacía los vestuarios, donde, según cuentan, Wenger y Ferguson tienen lo que describen como un "intercambio de opiniones acalorado", en medio de insultos y amenazas de unos jugadores a otros. El escocés está molesto por la actitud de los jugadores del Arsenal con Van Nistelrooy. El francés, porque cree que el delantero holandés ha engañado al árbitro para hacer expulsar a Vieira. A Jens Lehmann, recién llegado de la Bundesliga, le marcó este episodio por el nivel de enfado que acaba de presenciar: "Creo que ni yo, obviamente Wenger tampoco, sabía cuánto me gustaban este tipo de partidos. Arsène no era consciente de que había elegido a un tipo que estaba hecho para este tipo de encuentros. Yo tampoco lo sabía. Estos duelos en los que debías demostrar a tu oponente si él era más fuerte que vosotros o, por lo contrario, nosotros éramos más fuertes que él. Algunos amigos que vieron el partido alucinaron con la permisividad de los árbitros, broncas, gritos al árbitro, patadas... Y ninguna tarjeta. Pero cinco días más tarde, seis jugadores del Arsenal y tres del Manchester United fueron sancionados por la FA... Es que en ese momento era el partido más grande del fútbol inglés. Un Wenger contra Ferguson. Los chicos de Londres, que tan bien jugaban, contra los duros jugadores del Manchester United, que tanto ganaban. Pasaron muchas cosas en el túnel de vestuarios".

Y es que, como dijo Ljungberg: "Puede sonar arrogante decir esto, pero, por supuesto, siempre hay una lucha de poder para saber qué equipo es mejor", o lo que es lo mismo, toda una declaración de intenciones, y de guerra, para demostrar al Manchester United quién de los dos era el mejor. Tal era el enfado de los jugadores que Patrick Vieira, después de ducharse, aún tuvo tiempo para intercambiar cuatro palabras con Van Nistelrooy. Inmediatamente después vinieron las ruedas de prensa postpartido para dos entrenadores que minutos antes estaban discutiendo acaloradamente. Y claro, salieron las declaraciones que salieron:

El técnico del Arsenal, Arsène Wenger: "Creo que Van Nistelrooy no ayuda. Francamente su actitud es la de siempre buscar provocar y tirarse. Parece buen chico, pero dentro del campo no tiene siempre un comportamiento limpio. Creo que sí ha intentado engañar. Porque pienso que Vieira no debería haber reaccionado así, pero, de nuevo, sancionas más duramente las consecuencias que el origen del problema".

Evidentemente, para Sir Alex Ferguson las cosas eran muy distintas: "Por lo que a mí respecta, puedo defender a Van Nistelrooy. He escuchado los comentarios de Arsène Wenger y estoy muy decepcionado de oír eso, porque Van Nistelrooy le hizo una falta a Patrick Vieira... Pero como muchas otras del juego, incluso Patrick hizo algunas. Pero él reaccionó de mala manera. Ruud no se ha tirado, ha tratado de evitar la patada y ha mirado al árbitro con cara de '¿qué comportamiento es este?'. El árbitro no ha tenido más opciones. Igual que con lo que ha ocurrido al final, estoy seguro de que la FA hará algo, así que no me hace falta hablar del comportamiento de los jugadores del Arsenal... Creo que los míos han actuado correctamente".

Años más tarde, en 2016, Van Nistelrooy explicó en una charla con Oxford Union que "los jugadores del Arsenal están obsesionados conmigo. Ya en su momento me prestaban mucha más atención de la que yo le prestaba a ellos. Incluso hoy en día, cuando han ido saliendo las autobiografías, entrevistas... Lo mismo. De verdad, yo no tenía ningún problema con ellos".

La prensa, y los aficionados neutrales, se sitúan del lado de Ferguson, censurando el comportamiento intimidatorio de los gunners al final del partido. *Atizad a estos matones con fuertes sanciones, Riñas tribales dejan marca en Old Trafford, La paranoia del Arsenal daña la reputación del club o El Arsenal se enfrenta a sanciones de hasta 20 partidos* fueron solo algunos de los titulares de la prensa del día siguiente.

Ken Friar fue el directivo del Arsenal encargado de defender los intereses del club ante la FA[10]. Peter Hill-Wood, presidente del Arsenal, emitió unas disculpas y explicó que había hablado con Arsène Wenger para que este tipo de comportamiento no siguiera. Al técnico también le tocó ofrecer unas disculpas en público: "Después de verlo varias veces, admito que nos pasamos en nuestra reacción. Pero también están exagerando la reacción por lo que pasó después. En ningún momento salió nadie lesionado. He visto entradas en partidos que podrían haber acabado con carreras de jugadores y no se ha reaccionado así. Ninguno de mis jugadores es culpable de nada que tenga que ver con entradas peligrosas o susceptibles de poner en peligro la carrera de los rivales. No digo que lo que hicimos estuviera bien, ya lo he hablado con mis jugadores. Pero hay una campaña contra nosotros para sancionar a nuestros jugadores. Tenemos que reconocer que estábamos fuera de nuestras casillas con nuestro comportamiento, pero está habiendo una reacción exagerada". Ante la pregunta de si creía que habría deducción de puntos, Wenger reaccionó irónicamente: "¿Por qué no bajarnos a la First Division (Segunda División inglesa)? Hasta en los partidos amateurs pasan cosas peores todos los domingos".

Mientras la FA llega a un veredicto sobre lo que pasó a llamarse La batalla de Old Trafford, que tardó lo suyo, el Arsenal siguió con tres victorias por la mínima a Newcastle, Liverpool y Chelsea.

---

10 FA son las siglas de The Football Association, la Asociación Inglesa de Fútbol. Es el máximo organismo del fútbol en el país y las dependencias de la Isla de Jersey, Guernsey y la Isla de Man. Fue fundada el 26 de octubre de 1863 y es la asociación de fútbol más antigua del mundo.

La sensación de unión dentro de la plantilla se hace aún más fuerte tras estos incidentes. Las sanciones económicas que la federación impuso a los jugadores implicados fueron históricas. Las más altas por indisciplina en la historia del fútbol inglés. 275 000 libras. A los jugadores del Arsenal les caen nueve partidos (cuatro a Lauren, tres a Keown, uno para Vieira y otro para Parlour). Ashley Cole se quedó con una simple advertencia.

El equipo legal del Arsenal hizo oficial un comunicado de disculpas en el que destacaba que los jugadores sabían que no debían entrar en provocaciones que les distrajeran del juego.

La rivalidad entre ambos conjuntos se acrecienta en estos seis años en que están en lo más alto de la competición, pero se remonta a dos décadas antes. El Manchester United era el equipo dominante en los años 90. Luego llegó un periodo de intercambio de golpes. En el 1998 ganó el título el Arsenal. Acto seguido el Manchester United se llevó tres consecutivas. En 2002 el gol de Sylvain Wiltord en Old Trafford le dio el título al Arsenal, que vio como los de Ferguson volvían a alzar la liga en 2003. Y esta, la 03-04, parecía ir por el mismo camino que las anteriores. Se teñiría de rojo: bien *Gunner*, bien *Red Devil*.

CAPÍTULO 4

TÁCTICA

La figura de Arsène Wenger es tan importante en el desarrollo de la liga inglesa que cambia la fisonomía de la competición. No solo en el aspecto previo al partido, de preparación, alimentación, cuidado del cuerpo y entrenamientos, sino que también en todo aquello que correspondiera con el juego y su comprensión de este. "La primera transformación del fútbol inglés en la era Premier League tiene un nombre: Cantona. La segunda es la de Wenger, un estudioso del fútbol que lo revolucionó todo. Es famosa la adicción de los futbolistas del Arsenal por las barritas Mars y los *pubs* antes de su llegada. Gracias a los cambios que introdujo, muchos de sus futbolistas pudieron alargar sus carreras tres o cuatro años más". Palabras de Ilie Oleart.

El francés llegó a Inglaterra y revolucionó la relación que tenían jugadores y cuerpos técnicos de los clubes con el balón. "Creo que se adaptó la Premier League. Cambió esa manera de ver el fútbol como grandes duelos físicos, balón arriba dividido... Todo esto lo empezó a cambiar Arsène Wenger. Lo que queda ahora de sus equipos lo veo en muchos equipos alemanes y esa forma de jugar que traspasa fronteras de la Premier", cree Bruno Alemany.

Ese cambio de paradigma empieza con Bergkamp y su llegada que, curiosamente, se da antes de que Arsène Wenger sea el entrenador del Arsenal. El mago holandés firma por el conjunto inglés en verano del año 1995, un año antes del fichaje del alsaciano por el club del norte de Londres. Ya lo habéis leído antes. Cuando llega al club, el ex jugador del Inter alucina con ciertos hábitos de la plantilla, con la falta de comodidades de que dispone el club y, a pesar de conocerlo de antes, también le sorprende el estilo antiguo de juego que practica el equipo.

Hablar de Bergkamp es hacerlo de un perfeccionista. De alguien que se fijaba en el detalle siendo jugador y que ha seguido haciéndolo con su carrera como técnico. "Mi mantra como jugador era que entrenar hacía la perfección. Es la vía para adquirir equilibrio y habilidad. Se aprende con la práctica. El control de balón lo adquirí golpeando cientos de veces la pelota contra la pared. Buscaba controlar con diferentes partes del pie, en función de cómo rebotara el balón". Hablamos de un fino estilista en medio de un equipo diseñado para otro tipo de fútbol. ¿Recordáis que al Arsenal lo llamaban el *Boring, boring Arsenal?*

Su inclusión en el 11 generaba por sí sola que el juego del equipo cambiara. Lo destacaba Bruno Alemany. El fútbol inglés, muy tradicional aún en esa época, se edificaba en base a un dibujo de 4-4-2. Normalmente esos dos jugadores más adelantados acostumbraban a ser futbolistas grandes físicamente, capaces de aguantar la pelota e imponerse en el juego aéreo. Y en eso es en lo que Dennis Bergkamp difiere completamente. A pesar de ser un jugador de 1,83m de altura, no sería precisamente el perfil de futbolista corpulento. De hecho, parte de su magia se albergaba en esa libertad de movimientos que le otorgaba una capacidad para aparecer allí donde el equipo le necesitara, y ofrecer una nueva línea de pase. Esa figura de segundo delantero, incluso falso delantero centro, que con los años acabó perfeccionando Leo Messi bajo las órdenes de Pep Guardiola. Esa movilidad lo hacía indetectable para los defensas centrales rivales, que estaban acostumbrados a marcajes al hombre. Más rocosos, pero también más sencillos. El problema que tenían con Bergkamp es que el 10 no estaba, aparecía después. Pero no solo eso, sino que, al poder caer a banda o acercarse al doble pivote, era un generador constante de superioridades. O lo que es lo mismo, de dificultades para defenderlo.

Su primera temporada deja buenas sensaciones. El holandés anota 11 goles en un equipo que acaba quinto. Eso sí, su plasticidad, habilidad con el balón y rapidez mental ya empiezan a vislumbrarse. Es al término de ésta que se da el cambio de entrenador y la consecuente llegada de Wenger. "Cuando se fue Bruce, pensé que me pasaría como en el Inter, que me prometieron mucho y luego... Perdí un poco la confianza en los que estaban al mando, yo quería que jugáramos un fútbol más ofensivo. Cuando escuché que el que venía al club era Arsène, mis pensamientos cambiaron", explica el propio Dennis. Su segunda temporada a las órdenes del entrenador francés, la 1997-1998, lo encumbraría como Mejor Jugador del Año en Inglaterra, gracias, entre otras cosas, a

sus 16 goles y al doblete de Premier League y FA Cup conquistado.

En palabras de Ljungberg: "A todos nos gustaba el fútbol, pensar en fútbol. Cuando la gente me pregunta por nuestro estilo, destacaba la velocidad a la que nos pasábamos el balón. Eso era lo complicado. Lo hacen los mejores equipos, con el campo mojado, un toque. Pensar antes de recibir el balón porque te llega a gran velocidad. No es que nos moviéramos más rápido que los demás, pero el balón sí que corría más", a lo que Lehmann añade que "el balón no es lo más rápido que hay en un terreno de juego. Es el pensar. Luego va el balón, y luego los jugadores. Pensar rápido es vital. Jugábamos a uno, dos toques. Entre 2003 y 2006 movíamos muy rápido el balón. Todo era a gran velocidad".

La base de que se consiguiera ese nivel de complicidad dentro del campo estaba, evidentemente, en el entrenamiento. "Eran siempre con balón. Mucho partido, mucho rondo, mucha posesión, finalizaciones... Entrenamientos en los cuales se buscaba la competitividad. Siempre con balón y desde la honestidad. Era un equipo duro, pero honesto", según nos cuenta Lauren.

Es tan importante que para Gilberto Silva "si distingues entrenar y jugar, perderás el partido. Vigilábamos de no lesionar a nadie, pero nos tomábamos el entrenamiento muy en serio. Era muy importante para Wenger. Si veía algo que no le gustaba, paraba el entreno".

En los partidos "todos buscábamos pasársela al que mejor ubicado estaba. No intentábamos hacer la nuestra para destacar. La gente pensaba que lo que hacíamos era fácil, pero no tiene nada de fácil ser altruista e intentar ayudar al resto. No solo defensivamente, sino que también en ataque. La cuestión no era que tú pudieses marcar, es que lo hiciera el Arsenal", destacaba Thierry Henry.

Como imagináis, lo más difícil era convencer a los que ya estaban de que la nueva forma de hacer las cosas era tan válida o más que la que venían haciendo. Y parece que funcionó porque, según Ray Parlour, "desde el primer momento los entrenamientos fueron buenos. Balón al suelo. De repente teníamos libertad, nos sentíamos libres. Eran entrenamientos divertidos, siempre concentrados, pero siempre disfrutando. Cambiaba los ejercicios cada poco tiempo para que siguiéramos concentrados. Siempre mirando el reloj".

Otro que conocía bien los métodos de Arsène Wenger es el que fue el asistente técnico del entrenador francés desde 1996 hasta 2012, Pat Rice. El irlandés había jugado más de 400 partidos con el Arsenal antes de asumir el cargo: "El sistema de entrenamiento era completamente diferente a lo que estábamos acostumbrados. A veces paraba el partidito, mandaba a los jugadores a hacer carreras de velocidad y luego volver. Era para ver si podían desconectar y volver a conectar en poco tiempo. A veces dejaba los balones en los saques de esquina para generar situaciones desde allí, otras veces premiaba con un gol los diez pases en campo rival, también podía ser que la pelota no pudiera levantarse... Diferentes trucos para diferentes situaciones".

"Uno tiene que entender la filosofía de Wenger. Es un profesor, por eso lo llaman así. Disfruta alimentando el talento. De un jugador mediano a uno bueno. Y

así hasta ser uno de los mejores. Siempre el primero en llegar y el último en salir. 'Progresión a través de la posesión' y 'Velocidad explosiva' son sus dos frases favoritas", explica David Dein.

Los tres equipos que ingenió Arsène Wenger y que acabaron coronándose como campeones de liga fueron diferentes: el de 1998 fue una mezcla entre lo que estaba de moda en la liga inglesa y un ritmo espectacular. El del 2002 evolucionó fusionándose con el estilo de Henry, la clase de Pirès, las rupturas de Ljungberg... Y una capacidad defensiva de mucho nivel. Para el que nos ocupa, el de 2004, el equipo tenía un aura de superioridad, una confianza en sí mismo simplemente especial. La temporada de los Invincibles no es que saliera de la nada, sino que fue desarrollándose con el paso de las temporadas. Hablamos de un equipo en el que la mayoría de los jugadores se encontraban en lo que en inglés se llama *peak* —su pico de forma—, pero que además contaba con mucha experiencia y un buen fondo de armario. La importancia de los suplentes. Esos jugadores que eran capaces de hacerlo bien cuando se les requería, aunque eso no fuese siempre. El físico, el deseo de ganar, la inteligencia táctica, la técnica y el espíritu de equipo eran características básicas de los jugadores que Arsène Wenger quería.

"Era un fútbol muy emocionante. Muy rápidos al contraataque, pero también muy fuertes y poderosos. Lo que pasaba es que no tenían ninguna posición en la que pudieras detectar debilidades reales. Cuando el partido era importante, podías sentir que el equipo iba a lograr el resultado que necesitaba. No solo era fútbol bonito. No era como el Barça de Guardiola. Era dinámico, atlético. Podían pelear. Si no peleas, en el fútbol inglés no ganas los partidos importantes. Era un equipo mucho más duro que el Arsenal actual. Mira las edades, la altura, el físico de los jugadores de ese momento... Talentosos, poderosos y muy fuertes serían mis adjetivos", recuerda Tim Payton.

Para Diego Latorre, ex futbolista profesional, comentarista deportivo en ESPN y seguidor del Arsenal, aquello fue "un cambio drástico del estilo y del perfil de jugadores. No era un fútbol tan lineal, sino que era más asociativo, más combinativo, los jugadores se relacionaban con el juego desde el pase. Había mucho talento e ingenio para resolver. Se dejó de lado el clásico desborde a partir de la organización. En ese momento, en el fútbol inglés, se pensaba en simplificar los ataques. Por eso había muchos jugadores en los costados con facilidad para tirar centros y desbordar. Las jugadas no eran un proceso creativo, se intentaba cargar el área, ir a buscar los rebotes, y poner gente alta y fuerte en el área. Me parece que Wenger cambió ese paradigma para siempre. Fue, para mí, el pionero, y revolucionó el fútbol validándolo con resultados y con esa gesta de salir campeón sin perder".

Pero no fue fácil mantener a los jugadores ideales para esa mezcla. En cuanto se empezaron a ganar títulos, otros grandes equipos pusieron el ojo en algunos de los jugadores *gunners,* como por ejemplo Patrick Vieira. No fue el único. De hecho, el primero al que vienen a buscar fue Nicolas Anelka. El internacional francés había llegado en 1997 tras un mal final en el club de su infancia, el Paris Saint-Germain. El Real Madrid se fijó en él, y a sus 21 años, acabó aterrizando en el Aeropuerto de Barajas (Madrid) el 4 de agosto de 1999 por 23 millones de libras. Había anotado 17 goles en 35 partidos con el club londinense. Un negocio provechoso a nivel económico para el club inglés, pues se financió el nuevo centro de entrenamiento con la mitad de ese dinero, pero que a nivel deportivo no acabó de convencer a Wenger a pesar de firmar al croata Davor Suker. Con el resto del dinero se fichó un joven francés, amigo de la infancia de Anelka. Jugaba en la Juventus. ¿Su nombre? Thierry Henry.

Y al año siguiente, el otro gigante español, el FC Barcelona, llegó para llevarse a Emmanuel Petit y Marc Overmars. El club catalán había recibido un golpe durísimo por parte de su eterno rival, el Real Madrid, que le había fichado a Luis Figo, su capitán, pagando su cláusula de rescisión, y tenía dinero para gastar.

Para suplir al francés, Arsène Wenger tuvo que esperar dos años, hasta 2002. Fue en el Mundial de Corea y Japón en el que, del combinado campeón, le llamó la atención un centrocampista defensivo que parecía hecho a medida: el brasileño Gilberto Silva.

Edu Gaspar, también brasilero, ayudó a que Gilberto se integrara rápidamente y entendiera cómo compenetrarse con Patrick Vieira: "Entendimos muy rápido cómo sincronizar nuestros movimientos dentro del campo. Sabía que cuando él iba hacia arriba, yo tenía que mantener la posición, y al revés. Nos comunicábamos mucho en el campo", explicó el propio Gilberto Silva.

"Era un equipo que podía hacer daño de muchas formas distintas y eso, ahora, es el pan de cada día, no solo en la Premier, sino que también en el fútbol actual. Trabajaba bien el balón parado, eran unas bestias al contraataque y cuando no tenían espacios estaban preparados para marcar las diferencias a nivel individual. Esa capacidad para mover rápido el balón, asociarse de manera vertical y veloz, que estamos viendo ahora en muchos equipos para romper partidos. No sé si fue el primero, pero si hablamos de variantes, de capacidad para hacer daño de distintas maneras, de ser un equipo poco previsible y esa verticalidad, añadida a momentos de saber sufrir... De los primeros, sino el primer equipo en el que lo veíamos era en los de Wenger. Sacaban el balón jugado, pero si tenían que lanzar la pelota en largo y buscar la carrera de Henry, lo hacían. El Arsenal de Wenger tenía cosas de Mourinho y de Pep Guardiola, vertical como los equipos de Mou, por ejemplo. Tratar de ser muy fuerte en todas las fases del juego", analiza Bruno Alemany.

Hablar, a nivel táctico, del Arsenal de Wenger es hacerlo de uno de los equipos más influyentes de la época. Fue uno de los primeros equipos que se pudo considerar totalmente contracultural al histórico fútbol inglés de centrales y delanteros grandes, extremos clásicos, balón por el cielo y lluvia de centros. A pesar de eso, existe mucha leyenda sobre el estilo de los Invincibles, y los últimos equipos que ideó el preparador francés en el club desdibujan un poco lo que realmente fue ese equipo, que poco tenía que ver con lo que se conoce como escuela holandesa. "Es un equipo que cambió la manera de ver el fútbol en Inglaterra, porque jugaba de una forma a la que, seguramente, la gente de ahí no estaba acostumbrada. Jugaban más por el suelo, por el césped, de lo que se estaba acostumbrado ahí, pero sin perder algunas de las características típicas del fútbol del país", explica Bruno Alemany.

"Arsène Wenger cambió un poco esa percepción de 'el fútbol es una cosa nuestra, que hemos inventado nosotros, y no nos tiene que venir a contar cómo se juega a esto' trayendo muchos jugadores de fuera y teniendo pocos jugadores ingleses importantes en la plantilla. Abrió bastante la puerta a que en Inglaterra pudiésemos ver una cantidad de extranjeros, cuando se aprueba la Ley Bosman[11]. Mentalmente no estaban preparados para esto, pero la llegada de Wenger lo consigue". La alineación más usada de los Invincibles tenía jugadores de diez países distintos, 11 si contamos el país de nacimiento de Patrick Vieira (Senegal).

Como es normal, a la llegada de un entrenador nuevo a cualquier equipo asume una plantilla que no ha diseñado y que, por lo tanto, puede tener jugadores útiles y adaptables al estilo del nuevo técnico, y otros que, por lo contrario, no pueden asumir un rol que le aporte al entrenador. Por eso es importante tener tiempo, para poder dibujar una plantilla más consecuente a sus ideas. Arsène Wenger no fue menos. "Seguramente fue una apuesta por profesionalizar, pero sin hacer ningún fichaje que se saliera de la línea futbolística que él creía adecuada. Es decir, no se puso a fichar simplemente por ser profesionales. Escogió muy bien los fichajes. A nivel de club, de juego, el Arsenal... Todos destacan que antes de Wenger, Highbury era como ir al campo del Wimbledon: balón largo a los puntas para que la bajaran y buscar segundas jugadas... Un juego muy arraigado a lo que era la historia del fútbol inglés. Y en ese momento no aburría a la gente. Si aburría era porqué jugaban mal, no por el tipo de juego. Pero se ganaban cosas", destaca Bruno Alemany.

---

11 La ley Bosman es una sentencia dictada por el Tribunal de Justicia de la Unión Europea el 15 de diciembre de 1995, por la cual los deportistas europeos tienen la libertad para ejercer su profesión en cualquier estado de la Unión Europea.

"La primera cosa que cambia es esa visión que tiene Wenger de ver el fútbol como libertad, como una plataforma para expresarte. Si piensas en Mourinho y en todo lo que él hace para ser exitoso, pues Wenger lo haría completamente al revés. Creo que cuando llegó, lo más inteligente que hizo fue no cambiar todo al momento. Cogió su receta y le añadió ingredientes del Arsenal anterior, Tony Adams, Lee Dixon, etc. Y la otra mitad de los ingredientes, de jugadores del continente, más sofisticados: Dennis Bergkamp, Patrick Vieira, Anelka, Overmars... Supo combinar dos estilos y formas de entender el fútbol y que funcionara. Lo más inteligente fue que las cualidades de los jugadores de fuera complementaban a las de los ingleses y al revés. Jugadores técnicos aprendieron a luchar y competir. Y otros más guerreros, aprendieron a jugar con más libertad y a expresarse en el campo a través del balón. Esa fue la magia de Arsène. Era un equipo capaz de bajar al barro, pero también de ser delicioso con balón. Cuando el equipo mejoró, y trajo jugadores de mayor calidad como Henry, Pirès, Ljungberg, Ashley Cole... creo que cuando iban a entrenar tenían tanta calidad, pero también hacían las cosas a tanta velocidad y con tanta potencia, por su habilidad y comprensión del juego, que desarrollaron aquello que llaman 'Wenger Ball[12]'. Para mí, cuando me preguntan por el 'Wenger Ball', hablamos de todos esos triángulos, pases rápidos al primer toque, movimientos de desmarque...", desentraña Amy Lawrence, que también destaca esa capacidad de mezclar, de forma homogénea, dos realidades completamente distintas.

---

12 "Wenger Ball" es una expresión acuñada en los medios y entre los aficionados del Arsenal para referirse al estilo de juego del equipo bajo la batuta de Wenger. Un fútbol vistoso, con muchos pases al primer toque, combinaciones en espacios reducidos...

El técnico alsaciano cambia absolutamente el juego "y los aficionados se enamoraron de la manera de hacer de Wenger porque, sin renunciar del todo a aquella intensidad, a conceptos históricos del fútbol inglés como la propia intensidad, el ritmo, aprovechar las jugadas a balón parado, que son muy importantes en Inglaterra, donde celebran saques de esquina y faltas laterales porque saben que puede, perfectamente, ser una jugada de gol... No renunció a eso Wenger, pero sí apostó por cosas que no se hacían tanto en ese momento en el país, como tener la pelota", explica Bruno Alemany.

El análisis táctico, que tan de moda está ahora, no era un aspecto del juego al que se le diera una especial importancia en esa época previa a Arsène Wenger. No es que no hubiese entrenadores buenos en este sentido, pero la cultura futbolística británica tenía unas tradiciones muy arraigadas y moverse de ellas era, como mínimo, algo difícil de ver. Por eso fue un choque tan importante la llegada de Wenger y sus nuevos métodos.

El Arsenal de los Invincibles "tenía un juego vertical. Cuando querían tocaban la pelota bien, no necesitaban pegar balonazos, pero al mismo tiempo eran muy rápidos. Jugadores rapidísimos, Henry, Ljungberg, Pirès —era más capaz con los pies—, igual no tan rápido, pero sí asistiendo... Consiguió que futbolistas que eran capaces, con pocos espacios cuando los equipos se cerraban, tocaran el balón en corto, rápido, pero teniendo también la variante del fútbol directo y aprovechar las carreras de Henry y las segundas jugadas. Pirès, Ljungberg, Vieira atentos para ganarlas. Un equipo capaz de hacerlo todo y todo bien". Esa era la clave. Como bien explica Bruno Alemany, estamos frente a uno de los primeros equipos que supo darle su toque de personalidad al mítico fútbol británico. Manteniendo ciertos aspectos, pero imponiendo unos innegociables totalmente distintos.

Si alguien puede explicar detalles tácticos de ese Arsenal es Lauren, su lateral derecho titular: "Inicialmente iba con la idea de jugar en el interior o de mediocentro, que también lo hice, al lado de Vieira, pero él lo tenía claro. Desde el principio quería que jugara de lateral porque quería laterales que dieran profundidad al equipo, que dieran amplitud y tuvieran salida desde atrás, es decir, laterales con vocación ofensiva. En ese sentido él lo tenía totalmente claro". Hablamos de una época en la que la función principal, y prácticamente única, de los laterales era defender. Ahora todo esto suena a normal, pero no lo era en ese momento. "El míster quería futbolistas rápidos. Que corrieran al espacio y fueran rápidos. Por eso mi idea de fútbol es mezclar posesiones con transiciones rápidas. Éramos un equipo que tocaba mucho el balón, salíamos siempre desde atrás jugando. Por eso quería laterales con mentalidad ofensiva, porque Ashley Cole era interior, y había jugado hasta de extremo, y lo puso de lateral para poder tener esa ida y vuelta, y tener la capacidad para sacar el balón desde atrás. Aunábamos la posesión con lo que son las transiciones rápidas. Esa era una de las claves del equipo, que atacábamos el espacio de tres cuartos siendo pura velocidad y transición rápida. Eso mata a los equipos. Y lo vemos en equipos de la actualidad. Wenger hacía hincapié en eso, en que los equipos estuvieran físicamente al 120 %, a tope, y mezclar ese físico con la calidad. Y esa es mi idea de fútbol en la actualidad". Lauren se graduó del título de entrenador en Las Rozas en una promoción que compartió con otros exjugadores como Fernando Torres, Ariel Ibagaza, Álvaro Arbeloa, Sergio García, Catanha o Gorka Iraizoz.

La de los laterales ofensivos fue solo una más de las medidas tácticas de un entrenador pionero en este apartado del juego. Estamos hablando de uno de los *manager* más influyentes de la liga inglesa, un avanzado a su tiempo. Alguien a quién los técnicos de los demás equipos tuvieron que copiar. Obligó a muchos entrenadores a salir de su zona de confort, ya fuera porque quisieron copiarle o bien por querer ganarle. Intentaron encontrar la forma de contrarrestar esas innovaciones que importó un entrenador francés, de aspecto de profesor de geografía, procedente de un equipo japonés. "Lo criticaban también cuando ganaba porque, decían, esa no era la forma de jugar en Inglaterra", relata Bruno Alemany. Curioso como mínimo.

Este es un extracto literal de la opinión del periodista de la Cadena SER a nivel táctico sobre el Arsenal de los Invincibles:

"Acaba haciendo un gran equipo que va generando, con pequeños pasos, esa evolución. Él implanta su idea, pero adaptándola. Llevar la iniciativa, tener jugadores técnicos que marquen la diferencia —ya no solo regateando, sino a nivel asociativo—, que fueran muy capaces de generar ventajas tocando el balón rápido. Y eso lo mantiene desde que llega hasta los invencibles. A nivel táctico destacaría que era hormigón en medio campo, incapaz de ser superado —y menos por físico—.

Se adapta al 4-4-2 típico inglés, por lo que no tenía un desajuste táctico contra el resto de los equipos de la competición, y al final marcas las diferencias con

Bergkamp, Henry... Al ser súper verticales había mucha movilidad. Robert Pirès menos, pero Ljungberg se movía muchísimo. Gilberto Silva guardaba más la posición y Vieira pisaba área, generando peligro y siendo una amenaza que, además, hacía que la atención de los defensas se fuera hacia ellos y liberara un poco a Henry. Mucha movilidad, mucha llegada al área... Los laterales llenaban por fuera los espacios que los centrocampistas dejaban con su movilidad, ponían buenos centros... Y aunque no tuvieran a ese Shearer[13] arriba para rematar, sí que tenían gente muy inteligente que sabía llegar y cubría la falta de un 9 puro rematador.

Tuvieron también la suerte de que en Inglaterra no estaban acostumbrados a planteamientos que sí pasaban fuera, como los de Mourinho. Hasta que el propio Mourinho llegó. No había equipos que se plantaran en defensa, siempre se partían en Inglaterra, y eso al Arsenal le iba fantástico porque tenía una velocidad brutal.

Cuando se les cerraban, en ese 4-4-2 —aunque cuando jugaba Wiltord fuera distinto— no había punta de área referencia.

Bergkamp bajaba mucho a recibir y esa marca al hombre que se hacía en Inglaterra, y que el holandés arrastraba, la aprovechaban los centrocampistas para llegar a área. Henry caía a la izquierda, Pirès se movía por dentro, Ashley Cole doblaba y generaba superioridades... Era un equipo muy bien trabajado y a nivel táctico aportó muchas cosas que se pueden ver hoy en día. El lateral no solo sabía defender, sino

---

13 Nacido en Newcastle, Alan Shearer es el máximo goleador de la historia de la liga inglesa con 260 goles. En su debut con el Southampton anotó un hat-trick ante el Arsenal. Leyenda absoluta del Newcastle, por el que fichó tras destacar en el Blackburn Rovers.

que también era un generador de diferencias delante. Estamos hablando de otra época, porque los equipos grandes no se adaptaban y, además, a nivel periodístico oías este tipo de frases de 'adaptarse es de equipo pequeño', y en cambio ahora parecen una tontería. Estaba muy extendida la idea de que el equipo pequeño se adaptaba al grande y ya. Al espacio, en esa época, Henry era el mejor del mundo".

Pero, a pesar de todo lo aportado, a Arsène Wenger se le echó en cara, en los últimos años de su carrera, que parecía preparar poco tácticamente al equipo. El entrenador francés destacó siempre por ofrecer mucha libertad a sus jugadores en el apartado ofensivo, contando en varias de sus plantillas con jugadores de un talento individual capaz de ser diferencial por sí mismo.

Se llegó a hablar de arrogancia del preparador alsaciano por, según parte de la prensa y algunos aficionados, no prestar atención a las virtudes de los rivales y fijarse, únicamente, en aquello que hacía fuerte a su equipo. Incluso en momentos en los que esa plantilla no era especialmente fuerte. Lauren, en cambio, desmiente categóricamente esto: "Se dice que Arsène Wenger no incidía en los aspectos tácticos, y no es cierto. Les daba mucha relevancia y voy a poner un ejemplo: el sistema implementado era un 1-4-4-2, y cuando nos enfrentábamos a equipos con un sistema 1-3-5-2, Wenger hacía mucho hincapié en el plano defensivo para equiparar la superioridad numérica rival en el centro del campo ante nuestros cuatro jugadores del medio campo. Por ese motivo, uno de los puntas, bien fuera Dennis Bergkamp o Thierry Henry —o quien jugara arriba—, se juntaba con el pivote defensivo del equipo contrario. De esa manera, igualaba esa superioridad numérica de los cinco jugadores. También ocurría que, en los descansos de muchos partidos, Wenger incidía en aspectos ofensivos: si el equipo contrario jugaba con tres atrás, uno de los dos puntas atacaba a uno de los centrales, y el otro a quien viniera a hacerle la cobertura. Así, el tercer defensa que liberaba tenía que cerrar por fuerza. Por lo tanto, ese espacio que se generaba lo ocupaba bien el interior de una banda, como podía ser Fredrik Ljungberg o Robert Pirès, para atacar a ese espacio, y sino, uno de los centrocampistas que se encontrara en el doble pivote, Patrick Vieira o Gilberto Silva.

Esto sucedía constantemente en enfrentamientos contra rivales que jugaban con un 1-3-5-2, y este aspecto táctico para atacar y ocupar esos espacios salía de Wenger. Y como este ejemplo, hay muchos más que evidencian que incidía en los aspectos tácticos del equipo". Es evidente que, en el fútbol de élite, un entrenador no sobrevive 22 temporadas al mando de un club de las características del Arsenal sin ser un privilegiado, entre otras cosas, a nivel táctico.

Y aunque pudiese parecer fácil, porque en muchas de las posiciones el Arsenal contaba con jugadores de clase mundial, engrasar piezas acostumbradas a destacar a nivel individual no es una tarea sencilla. ¿Cuántos equipos hemos visto a lo largo de la historia que crean una súper plantilla y acaban fracasando? El deporte de élite, y más uno como el fútbol, con su foco mediático, es un generador imparable de egos. Y ya se sabe que demasiado ego puede desestabilizar un vestuario en el que conviven 23 jugadores con sus manías, sus problemas externos y sus intereses. Y, repito, más cuando se trata de auténticas estrellas de un deporte.

"El tema era llevar a ese talento individual a funcionar a nivel colectivo. A nivel individual ya estaban Bergkamp, Henry, Vieira… muchos componentes ya estaban antes de ser invencibles. Conseguir que ese talento individual se desarrollase igual a nivel colectivo y de forma constante era lo difícil. Eso fue lo que hizo que al final consiguiéramos ser invencibles y ganar ocho títulos. Que fuéramos constantes en partido tras partido para lograr lo que logramos. Éramos una familia, un equipo que estaba totalmente unido. Tú sabes que en estos equipos hay una presión brutal, cualquier cosa que hagas sale en los medios… Y ahí se dio una de las claves para el éxito de Wenger, que intentaba abstraernos de esa presión que tienen los equipos grandes, y que focalizásemos nuestra atención en el día a día del entreno, en el partido, y el domingo. Y luego es que éramos tremendamente competitivos. Siendo una familia, pero muy competitivos. Desde Bergkamp hasta el portero. Por lo tanto, al final se dieron las circunstancias, por todos estos factores, de que fuéramos invencibles", explica Lauren.

Por si había alguna duda, después de esa temporada, la de los Invincibles, "el objetivo de todo el mundo se convierte en ganar al Arsenal que no pierde ningún partido" y es por eso por lo que el propio Wenger entra en la espiral de tener que adaptarse a ciertas novedades: "Los rivales se le encierran más y se ve obligado a cambiar la forma de plantear los partidos", sentencia Bruno Alemany.

CAPÍTULO 5

JUGADORES

En el episodio sobre el carácter y la personalidad de la plantilla del Arsenal esa temporada 2003-2004, han aparecido algunos nombres destacados. Seguramente dentro del vestuario había muchos otros que eran importantes en este sentido, ya que a lo largo de una temporada todos pasan por altibajos que pueden generar momentos de más expresividad y otro de menos. Dicho esto, si ese Arsenal tenía una columna vertebral formada por jugadores de todas las líneas, seguramente fuera esta: Jens Lehmann, Sol Campbell, Patrick Vieira, Dennis Bergkamp y Thierry Henry. Cinco nombres. Cinco imprescindibles. Cinco caracteres. Cinco formas de ser importante. Cinco leyendas.

Si hablamos de Lehmann, hablamos de un portero de 1.90 m. El guardameta alemán destacaba por su forma de comandar en el área. Una de sus mejores virtudes era la comunicación, el orden que imponía a su defensa. Parando era sobrio, no siempre bloqueaba, pero no es que eso fuera un gran problema, ya que sabía despejar fuerte, orientando el balón a los

lados para impedir que el rechace le cayera al delantero rival.

Era el portero titular de ese Arsenal. El alemán fichó por el Arsenal el 1 de julio de 2003, procedente del Borussia Dortmund. Llegó a Londres con 33 años. Al firmar, era un jugador maduro y sin necesidad de impresionar a nadie, al que la presión no iba a poder tumbar porqué él mismo era el que se ponía más presión de la que había: "Mi poder era que no me impresionaba. Llegué a un vestuario en el que era mayor que los demás, salvo Keown. Había ganado un título europeo, cosa que solo Dennis Bergkamp había logrado ahí. Necesitaban que, en el campo, fuera tal como yo soy. No necesitaban a alguien simpático y con buenas palabras, sino alguien agresivo y sin miedo. El entreno estaba ahí para concentrarnos y ganar. No solo para jugar. Estábamos ahí para ganar", le explica el propio Lehmann a Amy Lawrence.

"Jens Lehmann tenía mucho carácter. A veces tenías esa sensación de querer que fuese más calmado, más normal, medido. Pero funcionaba", explica Tim Payton, que coincide un poco con Patrick Vieira, para quien "Jens era una pesadilla a veces. Pero nos aportó algo. Hizo crecer nuestra mentalidad ganadora. Discutía con todos los jugadores en el entreno. Te quería concentrado, que trabajaras duro, que ganaras. No permitía relajaciones. No podías dar el 70 % u el 80 % si estabas en su equipo. Nos llevó a otro nivel en cuanto a mentalidad ganadora. Nunca estaba contento, nunca se conformaba, pero era un gran chico". A lo que Thierry Henry añadía que "entendió rápido que tenía que ser como nosotros o más si quería ser uno de los nuestros. A veces enloquecía y a veces no, pero siempre era por el bien del equipo. Si tenía que decirle algo a alguien, lo hacía. Quería ganar. Esto era parte de la belleza de este equipo. No solo el 'paso y me muevo', los goles, el estilo. Podíamos hablar con el resto del equipo si algo no se estaba haciendo bien o si algún jugador no lo estaba dando todo". En un vestuario como el de ese Arsenal, varios jugadores tenían madera de capitanes. Era algo que el propio Wenger promovía, que a pesar de que solo uno llevara el brazalete, fueran todos, o prácticamente todos, los que contaran con esa capacidad de liderar. En ese sentido, Lehmann era uno de ellos, sin lugar a duda. Desde el momento en el que llegó, como él mismo comenta, no solo no se amedrentó, sino que fue capaz de imponer un ritmo más en esa mentalidad que el equipo ya tenía adquirida. "Aporté algo de mí mismo, incrementando la intensidad y pidiendo mucho más en los entrenamientos". Y él sí, a diferencia de otros, era de los que se pasaba el partido gritando, se enfadaba con sus compañeros si no hacían lo que tocaba, como entrenar a medio gas, y con los rivales si la situación así lo requería. "A veces los porteros y centrales menospreciamos la importancia de la organización y se nos tiene que repetir. Cuando comunicas hay tres valores importantes: el qué, el dónde y el cuándo. Qué dices, cuándo lo dices y dónde lo dices. Yo estaba siempre organizando, por eso pude permitirme jugar tantos años y tener que hacer pocas paradas. Y eso, como portero, no es tan bueno porque la gente no te ve parar, pero no saben el por qué. Los partidos se ganan cuando este triángulo, portero y centrales, tiene una buena comunicación", explica Lehmann en *The Athletic*. "En el Arsenal discutíamos casi cada día en el entrenamiento, pero era porque queríamos triunfar. De hecho, esas broncas nos hicie-

ron empujar más para ser mejores", confesó el internacional alemán.

Uno de los traspasos más curiosos de la historia del fútbol inglés se dio en 2001. En una entrevista durante la primera mitad del año, el vicepresidente del Tottenham David Buchler aseguró a los seguidores del club que el capitán Sol Campbell no firmaría por los gunners: "Es un jugador muy importante para nosotros y le tenemos mucho cariño. No hay una sola posibilidad de que Sol nos deje para jugar por el Arsenal. Es seguidor del Tottenham y no hay ningún tipo de esperanza para ellos de verlo con la camiseta del Arsenal". En ese entonces el central inglés ya había rechazado las ofertas de renovación de los Spurs, dejando claro que acabaría su contrato en White Hart Lane y buscaría un nuevo destino. Manchester United, Liverpool, Chelsea, Leeds... y Arsenal iban detrás de él, pero también clubes de fuera de Inglaterra. El propio Sol Campbell salió a decir a *Sport First*, tras el partido anterior al North London Derby entre Tottenham y Arsenal de la temporada 2000-2001, que no iba a jugar en el Arsenal: "Ha habido algunos jugadores que, en el pasado, han jugado para ambos clubes, pero no es algo que pase a menudo. La rivalidad entre Spurs y Arsenal es legendaria y se acrecienta cada temporada. De hecho, los resultados de estos partidos afectan a nuestros seguidores. Creo que cabrearía a todos los fans del Tottenham si jugara en el Arsenal, así que no iré allí". El central también aseguraría, momentos después, que empezaría a pensar en su futuro al final de la temporada y que sería absurdo dejar que eso le afectar en ese momento.

Lo que contaré ahora no debería sorprender a nadie. Como habéis leído, una de las mayores cualidades de Arsène Wenger era la detección de talento. Pero no solo funcionaba con los jugadores extranjeros. Y si además estaba tan cerca como la distancia que hay entre lo que era White Hart Lane y lo que era el Highbury Stadium, más fácil se lo ponían. La distancia, en ese caso, era una cuestión de rivalidad histórica.

Cuando el Arsenal necesitó mejorar su defensa, Wenger se fijó en jugadores ingleses. Concretamente en uno que, como decimos, no le quedaba muy lejos. ¿El problema? Jugaba en el Tottenham. ¿La ventaja? Quería jugar con Wenger. "Estaba a un nivel en el que necesitaba rodearme de jugadores que, simplemente, fueran los mejores en su sitio. Que lucharan, quisieran ganar, odiaran perder, que estuvieran a su mejor nivel, pero que fueran caballeros al mismo tiempo. Quería estar en ese ambiente. Quería optar a los títulos. Y ese contexto lo tenía yo con Arsène y sus jugadores. Ni ellos eran perfectos, ni Arsène era perfecto, ni yo era perfecto. Pero juntos... juntos éramos perfectos. Era genial. Jugábamos un gran fútbol y pasé una gran época ahí. Con altibajos, sí. Tuvimos nuestras rencillas, también. Pero, al fin y al cabo, éramos jugadores muy apasionados, unos luchadores. Futbolísticamente la mezcla era perfecta". Sí, es una cita del propio Sol Campbell.

Pero claro, quién iba a imaginarlo siquiera. El traspaso era prácticamente un sueño platónico. Entre Arsenal y Tottenham las negociaciones por jugadores se dan raras veces. Sol Campbell llegaba al final de su contrato y su agente, Sky Andrew, hizo de intermediario, siendo también el primero en proponer el trato. Para sorpresa general, ambas partes estuvieron interesadas de primeras.

En el repaso que el equipo de contenido audiovisual del Arsenal hizo del traspaso hablan todos los implicados. En él también se revelan algunas de las claves de un fichaje que ha sido denominado como "el más impactante de la historia de la Premier League". Estamos en una época en la que el seguimiento de los fichajes, a pesar de que sí se hacía, posiblemente no tenía tanta cobertura mediática como sí tiene ahora.

Sol Campbell había decidido no renovar su contrato con el Tottenham, del que era el capitán. El Arsenal veía en él la pieza que le faltaba para alcanzar un equipo de ensueño, y Sky Andrew, el agente del jugador, puso a ambas partes en contacto. David Dein, vicepresidente del Arsenal, y Arsène Wenger quedaban a las 11 de la noche en casa del directivo para que nadie descubriera qué estaban tramando. El técnico hacía lo propio con el central, pero incluso más tarde: "Íbamos a dar paseos a partir de la una de la mañana porqué Sol estaba paranoico y no quería que nos vieran".

Campbell necesitó tiempo para asegurarse de dar el paso, que inevitablemente traería cola. Incluso llegó a visitar a David Dein en su casa. Estuvieron más de cuatro horas hablando (vicepresidente del Arsenal y capitán del Tottenham) y no solo de fútbol. "Sol es una persona profunda. Le tengo mucho respeto porque no era un movimiento fácil de ejecutar. De hecho, emocionalmente, fue algo complicadísimo. Lo más sencillo para él hubiese sido irse al extranjero, donde también lo querían. Pero él estaba preparado para jugar para el Arsenal. Jugar para Wenger. Esto iba de confianza. De familia. Quería que él confiara en mí. Que viera que no fichaba por un club de fútbol, sino por una familia", revela David Dein.

"Si no hubiese confiado en David (Dein), no hubiese ido. Sin duda. Es un tipo carismático, capaz de hablar con jugadores, presidentes, o trabajadores del club, con quien sea. Sabe comunicar y transmitir porque tiene un talento especial. Normalmente, cuando se habla de la creación de los Invincibles y cómo ese equipo llegó al éxito, todo el mundo habla de Wenger, porque era el mánager, el que daba la cara, pero era un equipo. David era la parte mecánica, llegando a acuerdos para fichar o vender, consiguiendo esos jugadores que quería Arsène. Sin él, que hacía llegar a buen puerto las negociaciones, era imposible tener esos futbolistas. Hacían un equipo fantástico". Son palabras del propio Sol Campbell en el libro de Amy Lawrence, algo que el propio Wenger confirma: "David y yo nos entendíamos muy bien. No hacía falta que habláramos mucho, aunque quisiéramos. Era emocionante hablar con Sol Campbell a las dos de la mañana en el jardín de David. Lo que fue realmente increíble fue la rueda de prensa. Comparado con hoy... Cuando avisamos, solo vinieron algunos periodistas porque se pensaban que íbamos a anunciar a un jugador joven. Fue un *shock.* Sol era un tipo interesante. Él no dijo nada a nadie. Mantuvo el secreto durante tres meses. Esto es imposible hoy en día. Hicimos un trabajo fantástico".

El 3 de julio de 2001 el Arsenal organiza una rueda de prensa por sorpresa. David Dein avisa a los medios y les explica que será para anunciar un jugador. En ese momento, se esperan que el club descubra a Richard Wright, un portero inglés, como nueva cara para el equipo londinense.

Stuart Macfarlane, fotógrafo oficial del club, también hace su trabajo. Cuando le dicen que llega un nuevo futbolista, avisa a sus compañeros fotógrafos de la prensa gráfica para que se desplacen a London Colney a la sesión de fotos de la mañana, previa a la rueda de prensa. No le sorprende cuando todos le dicen que no hace falta que vayan, que el fichaje es Richard Wright y no es demasiado importante.

El propio Stuart explica cuáles fueron sus impresiones esa mañana: "Nunca olvidaré cuando llegué a London Colney. Subí al despacho de Arsène Wenger y piqué a la puerta. Él me dijo que podía pasar, así que entré y vi a David Dein. Estaba muy tranquilo. Él fue quien me presentó. Primero se giró señalando a Sky Andrew y me dijo que era el agente del jugador. Luego miró al otro lado, a Campbell, y me dijo: 'Y este es Sol Campbell'. Arsène, que estaba sentado en su mesa, sonrió y me dijo: 'Creo que se te ha girado trabajo'. Yo seguía asimilándolo y lo primero que le dije a Campbell fue que pensaba que iba a ser Richard Wright, a lo que me contestó que lo sentía, pero que no era portero".

Ya habiendo hecho las correspondientes fotografías, llega el momento de presentar al que hasta ese momento había sido capitán del Tottenham como nuevo jugador del Arsenal. "Cuando entramos en la sala de prensa había solo unos diez periodistas y dos cámaras. Cuando vieron quién entraba, inmediatamente cogieron todos sus teléfonos móviles y empezaron a llamar a sus respectivos medios. La gente jadeaba de asombro, no es broma. Los periodistas estaban muy sorprendidos", explica David Dein. Las imágenes de ese día son icónicas.

En esa rueda de prensa, Sol Campbell explicó algunos de los motivos de su cambio de bando: "Soy ambicioso. Quiero jugar al fútbol al máximo nivel. Por eso estoy aquí. He pasado muchos años en el Tottenham y lo he dado todo por ellos. Siempre he entrenado y jugado al máximo, intentando mejorar y que el equipo rindiera mejor. Mi contrato con ellos acabó y era agente libre. Decidí ir al Arsenal. Tomé mi decisión y solo espero que la respeten. Había muchos factores en los que debía pensar, por eso he tardado tanto. Pero al final el Arsenal… Te abruma". Precisamente Wenger destacó parte de lo dicho por el propio Campbell: "Tras hablar con él, sentí que era un tipo muy ambicioso, que quiere mejorar y jugar al máximo nivel. Eso me convenció de que era la pieza adecuada". Estaban hechos el uno para el otro.

Y fue una noticia que trastocó el panorama mediático inglés. Fue un auténtico bombazo. La noticia futbolística del año, puede que del lustro incluso. "El fichaje más impactante de la historia de la Premier League", ¿recordáis? Sorprendió incluso a los propios jugadores del Arsenal. Ese era el nivel de secretismo con el que se había llevado a cabo el fichaje.

Para Ray Parlour: "Todos levantamos las cejas. Yo no hubiese ido al Tottenham ni en un millón de años. Aunque me hubiesen ofrecido 200 000 libras semanales. Fue gracioso. Le preguntamos si se encontraba bien, que qué hacía fichando por el Arsenal. Solo contestó que quería ganar títulos y que por eso venía".

Campbell era exactamente lo que necesitaba el club. Pero, además, para los seguidores del Tottenham lo más doloroso era saber que podía ganarlo absolutamente todo con su nuevo club. Estoy convencido de que era la primera vez que los seguidores de un club se emocionaban con el fichaje de un central.

Como jugador, Sol Campbell era un auténtico animal. 1,88m y 91kgs de central inglés. Corpulento, imponente. Era un líder. La definición de capitán general. En el juego aéreo era indomable, tanto en ataque como, sobre todo, en defensa. El dueño del aire. Un futbolista totalmente imperial por arriba. Siempre bien colocado para meter esa última pierna que interceptara el disparo rival. Un central que, contrariamente a la imagen que se pueda tener de él por su aspecto, era bastante ágil, e incluso rápido, para recuperar la posición cuando le habían ganado la espalda. Y además con el balón en los pies se trataba de un futbolista aseado. Se complicaba poco, pero de vez en cuando también hacia alguna excursión conduciendo la pelota y superando rivales por pura potencia. Todo eso se llevó el Arsenal de su eterno rival. Hablamos de "un tipo muy sólido en su posición. Fue muy bonito saber que venía al Arsenal. Fue toda una sorpresa, nadie lo mencionó en los medios. Celebramos tanto las victorias del Arsenal como las derrotas del Tottenham, y el hecho de robarles su mejor jugador, gratis, fue memorable", según Tim Payton.

"Aunque Londres es una ciudad grande, los dos primeros años siempre iba con los ojos bien abiertos por si acaso", cuenta el propio Sol Campbell. Y es que, como podéis imaginar, el cambio de club no sentó nada bien entre la afición del Tottenham. La policía, como informaban los medios de la época, le pidió al ya jugador del Arsenal que reforzara la seguridad de su casa, temiendo la reacción de los hinchas rivales. Paul Davis, ex jugador del Arsenal, le aconsejaba con tiempo que debía "tener mucho cuidado y pensarse dos veces dónde ir, dónde comer y por dónde salir". Y es que algunos seguidores del Tottenham ya habían avisado de que le harían "la vida insoportable. Habrá amenazas de muerte, habrá de todo".

Y claro, el primer Tottenham-Arsenal en White Hart Lane, que se disputó el 17 de noviembre de 2001, fue el momento perfecto para que los aficionados de los Spurs mostraran su descontento. El partido, en el que Campbell fue titular, acabó 1-1 con goles de Pirès para el Arsenal, en el minuto 81, y Gustavo Poyet para los locales, en el minuto 90.

Ray Parlour a *TalkSport*: "El partido más feroz que he jugado nunca fue el primer partido de Sol Campbell de vuelta en White Hart Lane. *¡Wow!* Siempre recordaré salir del estadio y que los aficionados rivales siguieran tirándonos cosas, todo tipo de objetos, contra el autobús. Cuando sales de ese estadio tienes que hacer un giro brusco y la policía le pidió a nuestro conductor que no se parara, que lo hiciera lo más rápido posible. Los objetos golpeaban los cristales y pensábamos que se habían roto. Hablé con Wenger y le dije de poner una marca para señalar dónde se sentaba Sol y que, al menos, no lanzaran objetos a todo el autobús. Wenger me dijo: 'Sí, buena idea. Haremos eso', a lo que Campbell replicó con una media sonrisa".

Para el final de su primera temporada, Campbell ya había ganado un doblete. Fue la temporada del paso de una generación a la otra. Y la manera como ganó ese doblete de 2002 fue lo que llevó a Arsène Wenger a pensar que había la posibilidad de ganar un campeonato liguero, y hacerlo invictos. Y claro, se encargó de ir plantando la semilla en la cabeza de los jugadores.

Según Martin Keown: "En el proceso hasta el equipo de 2004, ganamos los últimos 13 partidos de la temporada 2001-2002 y no perdimos ningún encuentro fuera de casa. Fue un año en el que los tres porteros tuvieron medalla de campeones, lo que muestra que se usó extensiblemente la plantilla. Empezamos a establecer récords: marcando en cada partido, no perdiendo ninguno fuera de casa, rachas de victorias. Todo esto puso las piedras para construir el equipo de 2004".

Amy Lawrence coincide con el análisis de Martin Keown: "En el campeonato conseguido el año 2002, el Arsenal estuvo toda la temporada sin perder fuera de casa. Y fue una plataforma para pensar que aquello era extraordinario y que era una base. Creo que muestra la resiliencia de este equipo. Si no puedes ganar, al menos no pierdas. Cuando enfrentas un partido la idea era esa. Salimos a ganar, pero si no se puede, no perdamos. Había muchos jugadores que odiaban perder de tal manera que era natural que, cuando las cosas fueran mal, encontraran la manera de como mínimo no perder. No es tan raro estar una temporada entera sin perder en casa, incluso dos, aunque sea difícil. Pero fuera de casa... Es un hecho mucho más inusual".

Pero evidentemente el proceso no fue fácil. Durante tres temporadas consecutivas el Arsenal había quedado segundo en la Premier League (de la temporada 1998-1999 a la 2000-2001), había sido finalista de la UEFA de 2000 y también lo fue de la FA Cup del 2001. Por eso, además de por lo evidente, fue tan importante ganar la Premier en Old Trafford: "La hemos ganado en vuestra casa". En el estadio del equipo dominador del momento.

Ese doblete se logró ganando la FA Cup ante el Chelsea y sellando el título de la Premier League en Old Trafford. Para que nos hagamos una idea, el 11 que alineó Wenger en la final de la FA Cup fue el siguiente: Seaman, Lauren, Campbell, Adams, Cole, Wiltord, Parlour, Vieira, Ljungberg, Bergkamp y Henry. Es decir, salvo por Seaman, Adams, Wiltord y Parlour, el resto fueron parte del 11 habitual del Arsenal de los Invincibles, dos temporadas más tarde. Ese día el encuentro lo decidieron dos golazos: el primero fue de Ray Parlour, que la puso en la escuadra, y el segundo, parecido, pero tras una jugada individual de pura potencia, de Ljungberg. Cuatro días después, en Old Trafford: Seaman, Lauren, Campbell, Keown, Cole, Vieira, Edu, Parlour, Ljungberg, Kanu y Wiltord. Bergkamp esperaba en el banquillo en un partido que decidió Sylvain Wiltord, aprovechando un rechace de Barthez al disparo de Ljungberg.

¿Qué quiero decir con esto? Que la base del histórico equipo de los Invincibles se fue generando con los años, no apareció de la nada, y venía empujando fuerte. Tan fuerte como para ganar una liga en campo del club con el que mayor rivalidad habías construido en los últimos años: el Manchester United de Sir Alex Ferguson.

Dennis Bergkamp lo explica a la perfección: "En mis primeros años en el Arsenal ya me quedó claro que el equipo a batir era el Manchester United. Ellos ya estaban ahí, en la cima, y nosotros no estábamos ni cerca. Pero fuimos estrechando la diferencia. De hecho, nuestra victoria en 1998 no considero que fuera realmente 'contra ellos', aquello fue cosa de una temporada. No fue hasta nuestro título en 2002 que realmente pensé que nuestro momento había llegado. Y ellos también lo supieron. El equipo que batir habíamos pasado a ser nosotros. Fuimos a Old Trafford buscando un buen resultado. Nos creíamos mejores que ellos. Puede sonar arrogante, pero era más bien confianza".

"Solía bromear sobre ello, pero de verdad creo que hubiese sido posible que Patrick jugara completamente solo en el centro del campo. Nunca había visto antes un chico parando al equipo rival, que te está atacando, y generando un contraataque. Estuviese donde estuviese, si veía que Patrick iba a intentar recuperar un balón, yo ya empezaba a moverme porque sabía que la robaría. Su liderazgo era insuperable. Cómo hablaba en los entrenamientos, en los descansos de los partidos, durante el partido... Siempre tranquilo. Sé que puede no parecerlo, pero estaba siempre calmado. Era como si jugar fuese demasiado fácil para él en ciertos momentos, y se dedicaba a liderarnos. Era fácil de seguir. Fue una pieza clave para el club". Las palabras son de Thierry Henry, compañero de Patrick Vieira en el Arsenal y en la selección francesa, en una entrevista para la web de la Premier League. No será fácil encontrar una descripción más detallada de lo que fue el capitán de los Invincibles.

Se trataba de un futbolista excelente en todas sus facetas. Su altura, 1,92m, le permitía lidiar con los balones largos que se jugaban normalmente en la Premier League de entonces. Otro jugador imponente al que los rivales preferían no tener delante. Contaba con unas piernas interminables para cortar cualquier balón que rondara por su área de control, el medio campo. Su zancada, como podéis suponer, marcaba la diferencia. No era un jugador rápido, pero gracias a ello cubría muchísimo terreno. Sus robos y arrancadas son legendarios. Patrimonio de la Premier League. La sensación de seguridad y confianza que daba cuando tenía la pelota en los pies era difícilmente igualable. Como de ir sobrado. De hecho, iba sobrado. Posiblemente uno de los máximos estandartes de esa figura tan popular en Inglaterra que es el *box-to-box*. La llegada de Gilberto Silva acabó de darle la libertad para influir en ambas áreas, siendo un jugador con mucha llegada en sus mejores años en el Arsenal. 397 partidos oficiales: 32 goles anotados y 44 asistencias. Su influencia fue, y es, tan grande, que el club inglés lleva buscando un jugador de su perfil desde su marcha. Para Amy Lawrence, una pieza completamente indispensable: "Wenger decía siempre que Patrick fue importante porque le dio credibilidad. Llegó antes, pero la realidad es que lo pidió Arsène. Un chico alto, con unas piernas larguísimas... Al principio la gente pensaba de él que era demasiado delgado... Pero en cuanto entraba en el campo era un luchador. Fue el primer ejemplo del nuevo perfil de centrocampista atlético, pero con habilidad para ganar el balón, llevarlo arriba... Fue esencial. Tenerlo en el centro era vital. Un futbolista excepcional. Con él en el equipo podías ir a cualquier sitio que sabías que el equipo pelearía".

"Nunca había visto un centrocampista así. Era felino en sus movimientos, alto y elegante. Tenía esa bonita forma de andar y jugaba a fútbol de la misma manera. Cuando lo vi por primera vez pensé que los centrocampistas en Inglaterra se lo iban a comer porque era delgadito. Pero cuando empezó el entrenamiento, cogía la pelota y no te dejaba ni acercarte". No es una descripción de alguien cualquiera. Son palabras del delantero Ian Wright. Fue el máximo goleador histórico del Arsenal hasta la irrupción de Henry.

Ya en su debut dejó muestras de lo que iba a ser una larga y exitosa carrera como *gunner.* Fue un 16 de septiembre de 1996, en Highbury y ante 33 461 espectadores, según la Premier League. El rival, el Sheffield Wednesday. Su momento llegó pronto a pesar de ser suplente, ya que entró sustituyendo a Ray Parlour en el minuto 28 del encuentro. "Cuando entró, cambió el partido. En el estadio todo el mundo se preguntaba qué estaba pasando, si lo estaban viendo bien. La gente me hablaba de él. Era un jugador diferente. Pensabas que iba a perder el balón y, de golpe, lo había entregado bien. Fue uno de los primeros centrocampistas modernos. Era muy, muy dominante. Jugábamos con doble pivote, pero muchas veces daba la sensación de que era él el que dominaba la zona. Nadie le superaba. Y, además, era capaz de acelerar y asistir a los delanteros". El que habla no es otro que Dennis Bergkamp.

Martin Keown sobre Vieira: "Lo primero que hizo fue un pase de unos 40 metros, como despreocupadamente. Llegó como acompañante de Rémi Garde, que ya era de por sí desconocido, aunque internacional con Francia, y acabó siendo un jugador de clase mundial".

Patrick Vieira llega al Arsenal para intentar ganarse un sitio en el combinado nacional francés de cara al Mundial de 1998, disputado en Francia, pero su adaptación no fue fugaz: "Llegué pensando que iba a jugar desde el inicio y no fue así. Me costó en los entrenamientos. La verdad es que no iban como esperaba, todo era nuevo. Era muy complicado. Sabía que lo que hiciera en los entrenamientos marcaría la diferencia a la hora de adaptarme. Demostraría a los demás de lo que era capaz". Su nivel de influencia llegó a tal punto que, en 2001, cinco años después de su aterrizaje, fue nombrado segundo capitán con la idea de que, cuando se retirara la siguiente temporada Tony Adams, pasara a ser el primero. Decidió entonces que hablaría con los futbolistas veteranos que aún seguían en la plantilla. No estaba seguro de ser el capitán cuando Wenger se lo dijo. "Cuando vi a los jugadores que tenía a mi alrededor, jugadores como Lee Dixon, necesité hablar con ellos. También lo hice con David Seaman. Necesitaba que me dieran su bendición. Sabía que sería un capitán completamente diferente a Tony, que era más de hablar. Yo soy más reservado. Pero si Arsène me había dado la capitanía era porque era un líder de otro modo en el campo".

Para Henry: "Si miras un partido suyo no lo verás gritar. Solo ver cómo jugaba ya era suficiente para nosotros. 'Mejor despertamos, hay que seguirlo'. Recuerdo partidos en los que jugaba solo en medio campo. Sin faltar al respeto a nadie, sabías que él iba a tener la pelota. Lo sabían los seguidores del Arsenal, los jugadores rivales, la prensa, todo el mundo. Era un gran chico para tenerlo cerca. Eso sí, dentro del campo la cosa cambiaba. Mejor estate despierto y asegúrate de que vas a luchar. A veces jugabas un partido fuera de casa contra un equipo de la zona baja, sin faltar al respeto a nadie, típico que está lloviendo y que los primeros diez minutos no estás ni en el partido… Y de golpe ves a Patrick lanzándose al suelo para robar un balón y conduciéndolo como lo hacía, y entonces decías: vale, tengo que espabilar". Al inicio del capítulo quedaba claro el hecho de que para Arsène Wenger un vestuario se componía de varios capitanes. Como si fuera una capitanía compartida, a pesar de que solo uno llevara el brazalete. Vieira le pedía a Campbell que controlara desde atrás: "Me decía que le gritara todo el tiempo para que estuviera atento. Patrick era un caballero, pero sus virtudes estaban en el juego, en dar ejemplo haciendo las cosas, su determinación con balón, sus subidas al ataque, las conducciones, los pases, los goles. Él hacía más que decía. Era Mr. Arsenal. Necesitas diferentes tipos de capitanes en el campo para que funcione. Otros eran los que gritaban por él. Patrick era el chico tranquilo que simplemente hacía lo que tenía que hacer cuando debía".

Y el propio Vieira lo confirma: "Por eso esta generación era tan buena, porque éramos muy honestos. Le decía a Campbell que, cuando el encuentro era sencillo, yo podía ser un poco vago. Podía desconectar fácilmente. Lo noto cuando empiezo a cometer errores tontos. Es falta de concentración realmente. Sol era muy bueno porque, en cuanto cometía el error, me gritaba 'vamos hombre'. Me diría que soy capaz de hacerlo mejor que lo que acababa de hacer, y entonces yo conectaría de nuevo". Honestidad, carácter, personalidad, liderazgo. Odio a la derrota. Son características que se podían encontrar en prácticamente todos los jugadores de esa plantilla.

El equilibrio que aportaba Patrick Vieira en el centro del campo se sostenía gracias a que por detrás estaban Campbell y Lehmann, entre otros, y por delante Bergkamp y Henry. El holandés era un jugador especial. Y no porque tuviera miedo a volar y por eso viajara en coche o tren a los partidos como visitante, que también, sino por lo que era capaz de hacer dentro del campo. Iceman, que así se le conocía, tenía un talento diferencial. Técnicamente era un jugador privilegiado y su posición le permitía brillar con fuerza. Como ya he mencionado, Wenger le otorgó libertad absoluta de movimientos para que, gracias a su inteligencia a nivel táctico, fuera generando superioridades allí donde quisiera. Era esa opción de pase que siempre aparecía. Darle el balón era conservarlo y, en no pocas ocasiones, el paso previo a una asistencia que solo él era capaz de ver. Dennis Bergkamp llegó al Arsenal el año anterior a que lo hiciera Wenger. Y en él basó el técnico francés el relevo estilístico que tuvo que llevar a cabo.

Amy Lawrence también señala a Dennis Bergkamp como ese elemento que "lo cambió todo. Llegó antes de Arsène y, que estuviera ya, le puso las cosas fáciles a Wenger. Su nivel técnico y su visión de juego está entre las mejores vistas nunca en la Premier League. Podemos discutir quién sería el mejor, pero como mínimo siempre estaría en la disputa". Su llegada fue comparable a la de cualquier fichaje mediático hoy en día. Un futbolista que, a pesar de no haber tenido la mejor etapa en el Inter, venía de la mejor competición del mundo en ese momento: "Cuando llegó fue un fichaje muy excitante. Era la primera vez que fichaban a alguien tan diferente. En esa época no se daba tanto esto de fichar gente de otros países. No había nada comparable. Un jugador de nivel mundial, procedente de la Serie A, que era la mejor liga del mundo, crecido en la cantera del Ajax del fútbol total... Era, además, un tipo que trabajaba muy duro, de los que llegaba el primero y se iba el último, practicaba siempre, era muy perfeccionista. Tenía una visión privilegiada, tenía la capacidad técnica para hacer aquello que pensaba... Era un artista, pero también un guerrero. Fue un símbolo de la transformación desde el *Boring Arsenal* al Arsenal global". "Cuando llegó, le dio al Arsenal un vuelco. Llenaba él solo Highbury. Ver a un jugador tan técnico, pero a la vez fuerte físicamente, era impresionante", explica Tim Payton.

Para Ian Wright, Dennis "le cambió el ADN a la forma de jugar del club. Nuestro juego tuvo que cambiar porque no podíamos pasar de él. Luego llegó Wenger con su fútbol total, era brillante. Ojalá hubiese sido cuatro años más joven. Sabía que venían buenos tiempos". Su influencia en el juego era tal que, según Patrick Vieira, "con él en el campo no podías jugar a mandarla arriba y presionar. En el Arsenal teníamos de todo. Técnica, cerebro con Bergkamp, velocidad... Por eso funcionaba. Nos encantaba jugar juntos gracias a la libertad que nos daba Arsène. Teníamos mucha suerte de estar en ese equipo que ganaba y disfrutaba con el estilo de juego que tenía. El entrenador tiene su filosofía y trae los jugadores adecuados para ella y para cómo quiere jugar al fútbol".

La idea de fútbol de un equipo, a veces, se simplifica. Contar con un jugador de un nivel superior al resto lo facilita todo, sino que se lo digan a Lehmann: "Al primero que buscábamos siempre era Bergkamp. Él era el generador, el conductor. Él podía dar el último pase, técnicamente era tan bueno que le podíamos dar siempre la pelota. Incluso cuando tenía 36 años". Velocidad de cabeza, más que de piernas.

De hecho, el propio Bergkamp cree que "estábamos a otro nivel. Como jugador, salir al campo casi sabiendo que las cosas saldrán bien, eso es genial. Con la confianza alta, y tanta calidad y talento, sabías que podías marcar la diferencia. Como equipo sentíamos eso. Recuerdo el *timing* de algunos goles, la velocidad para ir de un lado al otro. No es que fuéramos un equipo que contraatacara. Es que, en esos momentos, los jugadores de ataque sabíamos qué iba a pasar en los siguientes segundos de partido y eso es demasiado. Y claro, todo a la máxima velocidad y con el máximo nivel. Fantástico".

Su nivel técnico era tan alto que hasta los propios compañeros lo veían como alguien diferente. Y esa era, también, una forma de liderar. "Cuando Bergkamp pisaba el campo ya había visto diez pases. Son gente de una habilidad innata. Piensan fracciones de segundos antes que tú. Aunque sepas la jugada, te la hacen. Y tenía una frialdad que no expresaba las emociones, pero notabas cuando te ponías a su lado que quería ganarlo todo. Te hacían partícipes de su genialidad y, aunque lo expresaran menos, también eran súper competitivos. Esa aura se expandía al resto del equipo. Por eso conseguimos aquello que conseguimos", apunta Lauren. Saltar al campo al lado de uno de los jugadores de esa plantilla era tener la confianza de que, en cualquier momento, podían hacer una genialidad. Y cuando, encima, se juntaban varios jugadores con esa sensación de ser superiores al resto, sensación que luego demostraban en el campo, la confianza que transmitían a sus compañeros era tal que los hacía incluso mejores. Y ya de por sí eran buenos.

El jugador que culminaba la plantilla que tenía en sus manos Arsène Wenger era, ni más ni menos, que Thierry Henry. Hablar ahora de Tití, como es conocido, es hacerlo de uno de los mejores jugadores de la historia del fútbol. El máximo goleador de la historia del Arsenal y, hasta la llegada de Sergio Agüero al Manchester City, también el máximo goleador extranjero de la historia de la Premier League. El delantero francés sale de la cantera del Mónaco, donde ofrece un buen rendimiento durante tres temporadas y media. Los ojeadores de la Juventus se fijan en él y lo acaban fichando por una cantidad cercana a un equivalente de 12.5 millones de euros. Tras pasar en Turín medio año, la segunda mitad del curso 1998-1999, Arsène Wenger decide apostar por el chico, que solo ha anotado 3 goles en Italia. En ese momento Thierry Henry es un extremo de aspecto desgarbado, con una gran zancada, pero aún por pulir. Su toma de decisión no siempre es la mejor, su nivel de acierto de cara a portería es muy mejorable, y sus prestaciones, hasta su llegada a Londres, no indican que pueda convertirse en lo que acabará convirtiéndose: una leyenda del fútbol a nivel mundial.

Lo primero que hace Arsène Wenger cuando lo ficha es cambiar el entorno en el que Henry ha desarrollado su carrera hasta ese momento. El francés fichó por el Arsenal siendo un jugador de banda. Por su velocidad y capacidad de desborde, los entrenadores que había tenido hasta ese momento contaban con él como extremo izquierdo, normalmente. Por eso la influencia de Wenger es tan grande, porque supo ver en el 14 algo que los demás no habían sabido percibir. El estratega alsaciano era un maestro en esto de adaptar jugadores a diferentes posiciones del campo de las que estaban acostumbrados. Wenger, más que en los nombres, se fijaba en los perfiles de los futbolistas y en lo que ellos pudiesen aportar en diferentes contextos del partido. El rol desarrollado en el campo era más importante que la posición de inicio. Me explico, no es lo mismo jugar con Luis Figo en la banda derecha, actuando como extremo, que con Fredrik Ljungberg. Y eso que ambos desarrollaron su carrera como extremos derechos. Uno, el portugués, como extremo puro: pegado a la línea de cal, recibiendo al pie y desbordando a través del regate para poder encontrar un centro. El otro, el sueco, apareciendo por zonas mucho más céntricas del campo, siendo un interior más y dejando su banda a la subida del lateral.

Arsène Wenger vio que por las características que tenía Henry, sumadas a aquellas que podía desarrollar a lo largo de su carrera, la posición en la que más útil podía ser para el equipo era la de delantero centro. Cambiar de posición a un jugador, aunque sea a una edad temprana como eran los 22 años que tenía el francés, no es nada fácil. Los movimientos, la lectura del contexto espacial, lo que requiere de ti el equipo desde esa posición... es todo nuevo. Y no, no se aprende con un par de entrenamientos y partidos, y menos a ese nivel. A los defensas rivales les da igual que estés aprendiendo, que seas nuevo o que te estés adaptando a la liga, tengámoslo en cuenta. Para Patrick Vieira "todo el crédito es para Wenger, porque a Henry le gustaba jugar en la banda, es la posición en la que había crecido jugando. Cuando llegó al Arsenal fallaba muchas oportunidades de gol. Nosotros en ese momento nos reíamos, pero lo que pasó después es todo mérito suyo. Pasó muchas horas entrenando el tiro a puerta. Trabajando para adaptarse a la posición de nueve, cómo desmarcarse o jugar de espaldas a portería. Trabajó muy duro. Por eso no me sorprendió ver que anotaba esa cantidad de goles".

El propio Henry explica que, habiendo llegado a ser internacional con Francia en la posición de extremo, a veces llegó a dudar de si valía la pena la transición a delantero: "No dudaba de mi habilidad. Pero pasé por esa época en la que el entrenador me quería jugando de delantero. Y me decía a mí mismo: 'Espera un momento, soy internacional, he ganado un Mundial jugando de extremo. ¿Acaso estoy perdiendo el tiempo intentando entrenarme para jugar de punta?'

Era frustrante. Me daba la sensación de que ahí no era tan útil. En la banda me había olvidado de los goles, porque cuando juegas de extremo trabajas mucho más para el equipo, bajas a ayudar a tu lateral... Tu trabajo no es marcar. Perdí ese instinto letal que tenía cuando era más joven. Debía volver a aprender a ser un goleador". Cuenta David Dein, vicepresidente del Arsenal en esa época, que cuando llegó el francés, le dio un vídeo con los goles que había anotado Ian Wright para el club. El futbolista inglés era, hasta la llegada de Henry, el máximo goleador histórico del Arsenal con 185 goles. "Eso es lo que tienes que hacer", le dijo el directivo.

Y claro, como ya habéis ido leyendo, el carácter ganador que Henry tenía afloró: "Me dije a mí mismo: no es más alto que yo, ni más rápido, ni más fuerte, pero anota más goles. Me lo miré muy atentamente. Lo daba todo siempre. Cuando pedía un pase lo hacía gritando lo más fuerte posible. Y cuando recibía el balón, lo reventaba contra la red. Yo pensaba: esto es ser un goleador". Cuando el francés aún no había marcado su primer gol, el ídolo de la afición era el número ocho, Ian Wright. Seis años después fue él mismo el que le entregó una figura de un cañón dorado al 14, reconociendo que el francés había roto su récord de goles en el club. "Sobre Henry... Siempre digo que elegir entre él y Bergkamp es imposible, pero Henry era súper completo. Era rápido, lo vimos desarrollarse para irse al centro, reemplazando a Ian Wright cuando Nicolas Anelka se fue. Ver su desarrollo, su progreso, para ser jugador de talla mundial, anotando tantos goles, fue algo muy bonito", explica Tim Payton.

"Recuerdo una cita de Henry en la que decía que se enamoró del Arsenal por mí", confiesa Ian Wright. "Me hace sentir orgulloso porque sé lo que significa el club para él, y él sabe lo que significa para mí. Tener algo que ver con Henry, lo que hizo en nuestro club, en el mundo del fútbol en general, aunque fuera él quien marcara o se desmarcara... Lo hubiese dado todo por haber jugado, o estado cerca, cuando él jugaba aquí. Si hubiera podido, me hubiese quedado con él. Me hubiese encantado. Es uno de mis grandes arrepentimientos". Solo con soñar en juntar esa dupla de delanteros... Más de uno en el Arsenal lo daría todo para que fuera real.

"Éramos amigos de antes. Sabía lo bueno que era, pero nunca imaginé que pudiese llegar al nivel al que llegó. Fue increíble. Fue uno de los mejores". Patrick Vieira conoce a Henry a la perfección, y descubre una vertiente del delantero que no es tan conocida: "Es un chico muy sentimental. Thierry necesitaba cariño. Lo obtuvo en el Arsenal, y creo que por eso creció tanto. Sabía que era muy importante para nosotros y por eso rendía así. Todos los jugadores le hacíamos ver lo importante que era para el club, para nosotros. Eso a él le gustaba. Le atraía la responsabilidad. Era muy feliz aquí".

Muchos de sus compañeros coinciden en que a Henry había que tratarlo de una forma especial. Le gustaba sentirse querido y se crecía ante la crítica. Según Bergkamp: "Creo que le gustaban los halagos. Le costaban las críticas. Incluso era capaz de llamar a un diario. Yo no me lo podía creer. Pero él es muy intenso. Cuando alguien decía algo a lo que yo hubiese contestado que lo dejara, que daba igual, él hubiese llamado para darle su opinión. Claro que necesitaba halagos, aunque a veces nos olvidemos, porque era muy bueno, él también los necesitaba. Le encantaba ser el principal jugador. Merecía ese rol. Posiblemente un rol que tenía yo antes y que, cuando vino él, pasó a ser suyo. Era fantástico. Me encantaba juntarme con él e intentar ayudarlo a ser mejor. Para mí es increíble porque ayudaba a que el equipo mejorara. Nos retroalimentábamos. No solo nosotros dos, sino también con el resto. En las entrevistas siempre mencionaba al resto. Diría que la defensa había estado fantástica en ese partido o que el pase de Dennis había sido increíble. Si tenía que destacar al resto, lo hacía. Eso hacía crecer al equipo".

Amy Lawrence, que habla como periodista, pero también como aficionada, describe a Henry como "simplemente un talento generacional. Su estilo al correr era otro nivel. No solo era rapidísimo, era potente y muy estético. Parecía un corredor de los 100 metros lisos. Y con esa técnica... Una mezcla increíble junto con su visión e imaginación para intentar cosas nuevas. Tener esta arma en el equipo, tan exigente consigo mismo, con esa personalidad obsesiva... Es de esas personas que sabe muchísimo de fútbol. Es de los que le preguntas por la segunda división de un país lejano y sabe cómo va. Súper inteligente también. Estaba desesperado por ser el mejor y encontró el club perfecto para serlo. Era la estrella, a pesar de todos los grandes nombres que había a su lado".

"Tenerlo en el equipo te da fuerza. Sabíamos que Thierry iba a marcar goles, o que Dennis iba a crear ese pase para que él marcara. Así que cuando tienes este tipo de jugadores sabes que van a pasar cosas. Por eso era importante no recibir goles. Y si además sumas a Robert, Freddie, Ray... Aunque fuésemos perdiendo 0-1, sabíamos que íbamos a anotar".

"Henry era inalcanzable. No es algo que digo a la ligera. Cuando llegó lo hizo con velocidad y un talento impresionante. Tardó en crear su propio estilo, al correr, por ejemplo. Se convirtió en alguien bonito de ver, elegante. Poesía en movimiento. La forma como se zafaba de los rivales... Era de patio de colegio, pero no era propio del nivel profesional. Era como un sueño".

"Siempre digo que me encantaría tener la mentalidad que le vi tener a Thierry. Siempre quería ganar. Cada partido, cada entreno. Cualquier cosa. Si estaba jugando a cartas, pues quería ser el mejor. Tener a alguien así en el equipo, siempre exigiendo a los demás, y a él mismo, para ganar cada partido... era especial. Incluso a veces podía ser demasiado. Eso es Thierry. Pero tener a alguien así era muy importante para el equipo. Su mentalidad era increíble. Si la plantilla contaba con Henry, funcionaba mejor. Thierry era un jugador muy completo".

Bergkamp, Vieira, Martin Keown, Edu Gaspar, Ian Wright... Auténticas leyendas del Arsenal confesando su admiración por Thierry Henry. Un tipo que dentro del campo era arrogante como pocos, pero que fuera sabía hacer grupo. Hay que ser inteligente para, aún llevándote tú todos los focos, saber que sin el equipo no eres nadie. Henry era el finalizador, pero todos los demás eran tan importantes como él para que el equipo funcionara. "Sentía que era mi deber hacer lo que tenía que hacer. Soy el delantero. La mayoría de las veces estaré marcando o creando para que otro marque, porque es la posición en la que juegas y sabía lo que estos tipos esperaban de mí. No se trata-

ba solo de cariño. Evidentemente somos humanos. Si vas a trabajar sintiéndote querido, lo harás mejor que si no. No es nada malo, pero no tiene por qué querer decir que vas a rendir. Cuando la gente espera algo de ti, debes rendir. Ya sea contra el Chelsea fuera de casa o en Highbury ante el Watford, con todos los respetos, tienes que rendir. Pero también veía a Dennis, Patrick, Lauren, Ashley Cole o Kolo Touré. Toda la plantilla. Cuando los miraba veía que sí, que estaban preparados. Miras a un lado y a otro, y están preparados. Cuando miraba al portero rival pensaba: estos chicos detrás de mí están preparados. Solo tenía que continuar con lo que el equipo era capaz de darme y finalizarlo". 175 goles anotados teniendo en cuenta solo los partidos de Premier League. Cuatro Botas de Oro de la competición. "Jugar contra Thierry Henry y los Invincibles, puedo decir, era el trabajo más difícil en el mundo del fútbol. Era como si fuera en moto. Jugar contra él era una auténtica pesadilla". Palabras de Jamie Carragher, ex jugador del Liverpool, a la Premier League. Esclarecedor.

CAPÍTULO 6

VESTUARIO

En Inglaterra un equipo clasificado para cualquier competición europea participa en cuatro competiciones durante el año: la Premier League, la Copa de la Liga, la FA Cup y la competición europea que sea. Eso se traduce en una acumulación de partidos que los entrenadores tienen que gestionar usando ampliamente a su plantilla. Pero claro, el dicho de que "cuando algo funciona es mejor no tocarlo" hace difícil que los técnicos de los equipos punteros, que además se sienten obligados a ganar el máximo número de partidos, hagan rotaciones.

Según Patrick Vieira: "Wenger lo hacía bien en ese sentido. Los tienes que hacer sentir importantes (a los que no juegan), prestándoles más atención. Si miras la plantilla de esa temporada, sabes quién iba a estar en el 11. Eso significa que los jugadores que no iban a estar también eran capaces de saberlo. Pero Arsène supo manejarlo. Y como jugadores, lo mismo. Hacer sentir al jugador que no tiene minutos que también es parte de esto. Yo era muy amigo de Edu Gaspar, que no jugaba tanto. Hablábamos de todo. Arsène trajo jugadores con mucho talento, pero también se fijó en que encajaran en el grupo. Para él era muy importante. Por eso los jugadores que no jugaban tanto no se quejaban. No teníamos esos problemas porque en ese vestuario teníamos jugadores inteligentes y buenas personas".

Pero claro, opinar esto siendo el capitán y uno de los jugadores más importantes puede resultar sencillo. *En el libro Invincible: Inside Arsenal's Unbeaten 2003-2004 Season* de Amy Lawrence, el propio Edu da su punto de vista: "Lo primero es respetar al jugador que sí está jugando. Arsène tenía que tomar una decisión entre una plantilla de grandes jugadores. Claro que quieres jugar tanto como puedas. Es entendible. Desde mi punto de vista la gran diferencia en ese momento era el respeto que nos teníamos los unos a los otros, estar seguros de que nos centrábamos en ayudar al club. Arsène sabía cómo hablar con los jugadores que no estaban jugando y cuidarlos. Mantenía a todos contentos. Nos trataba como personas. No nos trataba solo como jugadores de fútbol. Tenemos sentimientos. Tienes que conocer a cada jugador para saber por lo que está pasando y conseguir que no pierda el rumbo. Que todos vayan en la misma dirección. Él sabe cómo. Era fantástico".

Y, como es normal, en una temporada tan larga y con tantos encuentros, los jugadores menos habituales también tuvieron sus momentos de ser importantes. El 25 de noviembre de 2003, en el marco de la fase de grupos de la UEFA Champions League, el Arsenal visitaba Milán. En el Giuseppe Meazza, el Inter Milan recibía a los ingleses, a los que ya había vencido 0-3 en Highbury. En suelo italiano el conjunto de Wenger venció 1-5 en un encuentro en el que Henry estuvo muy por encima del resto de jugadores del campo. Pero no fue lo único que destacó. La baja de Lauren en el lateral obligó a Kolo Touré a jugar ahí. Cygan fue el central.

En el centro del campo, Vieira y Gilberto Silva descansaron. En su sitio, Edu Gaspar y Ray Parlour se salieron: "Fui capitán esa noche, así que aún no entiendo cómo le devolvieron el brazalete a Vieira cuando regresó al equipo", bromea el británico apodado El Pelé de Romford.

"No se trata de tener dos, tres, cuatro, seis o siete buenos jugadores. Necesitas 25 luchadores, 25 ganadores capaces de hacer lo que hicimos aquella temporada", admite Henry, mientras que para Ljungberg "es importante mantener el grupo unido cuando pasas por momentos de duda y demostrar de qué pasta estás hecho. Si todo va siempre bien, no sabes realmente cómo son tus compañeros. Esto es lo que une al equipo y posiblemente no hubiese ocurrido sin esa derrota 0-3 ante el Inter. Siempre jugamos nuestro mejor fútbol cuando más arrinconados estábamos. Esto habla del espíritu y la fe de este equipo". Esa victoria marcó al equipo, que disfrutó en el campo y se pudo sacar de encima la presión. Para Jens Lehmann fue "uno de los momentos en los que más orgullo he sentido de pertenecer a un equipo".

Arsène Wenger supo tener la capacidad para no solo firmar jugadores que llegaron a ser de nivel mundial dentro del campo, sino que también poseyeran unas características en cuánto a personalidad que congeniasen. "Era un equipo en el que había jugadores del primerísimo nivel mundial y, aún así, un ambiente increíble", confiesa Lehmann.

Cuando el técnico alsaciano insistió con Ljungberg jugando en la banda, el futbolista sueco, que siempre había sido mediapunta, tuvo sus dudas e incluso se planteó marcharse. No sentía que partiendo de la banda pudiese explotar todas sus virtudes, pero una de las cuestiones que le hizo quedarse fue... el vestuario: "Me sentía tan perdido que no me gustaba. Y como no había jugado tan bien como yo creía que debía, en verano me reuní con mi agente. Teníamos varías ofertas para jugar de centrocampista en otros sitios. Pero no lo hice nunca. Había venido porque me gustaba el Arsenal, Arsène, mis compañeros. Y pensé: pruébalo e intenta lograrlo. Cambié mi actitud en verano, de quejarme a aprender. Con 21 años tenía que aprender cómo jugar de extremo".

Otro jugador que comprobó en sus propias carnes la grandeza de ese vestuario fue Ashley Cole. Cuando llegó al primer equipo desde la academia, Ash venía de jugar como extremo. Arsène Wenger le vio cualidades como lateral profundo, con recorrido, y la adaptación no fue tarea fácil. Lee Dixon: "Ash no era capaz de defender cuando llegó. Él estará de acuerdo conmigo en eso. Pero tenía uno de los mejores maestros del mundo al lado: Tony Adams. Tony se juntó a él como si estuvieran atados. Arsène no tuvo que centrarse en él ni una sola vez. Confiaba en Tony. Los puso juntos y le dijo a Ashley que se fijara en él. Esa mezcla de experiencia es la mejor plataforma para que Wenger pueda hacer sus cosas. Porque en eso es el mejor, en crear el ambiente perfecto para preparar de la mejor manera a los jugadores, y un contexto en el que poder aprender del jugador que tienes al lado".

No solo los defensores te ayudaban, también los delanteros. La defensa mejoró porque tenían que enfrentarse a sus delanteros en los entrenamientos.

Kolo Touré explicaba que, en los entrenamientos, "acostumbraba a poner siete atacantes contra cuatro defensores. Y teníamos que hacerlo funcionar. Debíamos encontrar el modo de parar a Henry, Bergkamp o Pirès. Estás jugando contra los mejores jugadores. Así que cuando compites en liga, lo encuentras más fácil porque te has preparado contra los mejores. Nos enfrentábamos cada día a los mejores atacantes del mundo".

Todo era más fácil porque el equipo estaba muy unido. Eran jugadores que se encontraban, la mayoría, en el mejor momento de su carrera. Sabían de su nivel y eran conscientes de que, en un deporte de equipo, o todos reman hacia la misma dirección, o el barco no avanza. "El equipo conectaba bien tanto dentro, como fuera del campo", confiesa Bergkamp. "Esta manera de relacionarnos fuera era algo nuevo para mí. Nos veíamos, íbamos a comer, quedábamos en nuestras casas... No había encontrado esta conexión fuera del campo en ningún otro club. Sabíamos que estábamos jugando un buen fútbol y eso ayudó a que creciera la relación fuera. Nos encantaba el fútbol. Nos quedábamos después de los entrenamientos para hacer trabajo extra. Éramos una plantilla con mucho sentido del humor. Nos reíamos los unos de los otros y no pasaba nada. Éramos amigos y nos podíamos decir las verdades a la cara". David Dein y Arsène Wenger participaron en una audiencia en noviembre de 2021 y en ella el que fuera vicepresidente del Arsenal explicó la siguiente anécdota, que refleja perfectamente el ambiente del equipo: "Cuando Vieira llegó no hablaba inglés. Le pusimos un profesor y, semanas más tarde, le pregunté en francés si ya sabía decir algo en inglés, a lo que respondió: *'Totten-*

ham are shit[14]'. Cuando le pregunté quién se lo había enseñado, obviamente dijo que Ray Parlour". Como habréis venido leyendo, Parlour era uno de los más bromistas del vestuario.

Otro de los jugadores que llegó desde fuera para convertirse en pieza clave del Arsenal de los Invincibles fue Lauren: "Mi llegada al vestuario fue genial. Al primero que me encuentro es a Silvinho, que cualquiera que lo conozca coincidirá en que es un espectáculo. Mi entrada, con él, Ian Wright... Eso fue algo estimulante. La transición no fue tan dura porque te encuentras con gente que habla tu misma lengua. Con el brasileño te entiendes, por ejemplo. Silvinho fue una gran ayuda a la hora de entrar en ese vestuario. Luego te encuentras con Vieira, Henry, con gente que eran súper estrellas, pero tenían los pies en el suelo. Pirès hablaba castellano y francés también, y además es que llegamos la misma semana. La dificultad de adaptarte al equipo para mí fue fácil. Tengo la personalidad para ir a un sitio nuevo y no tener ese miedo, que muchas veces sí tiene un chaval joven, de no saber dónde va, dónde está. A veces en los entrenamientos te encuentras súper estrellas y te acobardas, pero yo no, tengo la personalidad suficiente de adaptarme a cualquier sitio. Eso me facilitó la adaptación de pasar de un Mallorca a un Arsenal con todas esas estrellas. Me había ocurrido antes, cuando, estando en el Levante, pasas de 2ª División a jugar un Mundial con Camerún, en África, que yo no la conocía, ni hablaba francés. Quiero decir, tenía un camino previo realizado a nivel de adaptabilidad".

---

14 Uno de los cánticos de la afición del Arsenal se refiere a su máximo rival. Dice así: *"What do we think of Tottenham? Shit! What do we think of shit? Tottenham! Thank you! That's alright! We hate Tottenham..."* Cuya traducción sería: "¿Qué pensamos del Tottenham? ¡Mie***! ¿Qué pensamos de la mie***? ¡Tottenham! ¡Gracias! ¡Eso es correcto! Odiamos al Tottenham..."

Pero cuando un jugador llega a un equipo extranjero no acostumbramos a poner el foco en la adaptación de la familia del jugador. Al fin y al cabo, cuando un futbolista ficha por un equipo, pasa a conocer a otros 30 o 40 miembros del club y poco a poco se va adaptando. En cambio, la familia solo se tiene a sí misma hasta que empieza a tejer relaciones. Lauren lo tiene claro: "Para mí fue peor la adaptación de la familia en esos primeros 6 meses. Mi familia es muy del sur, es sevillana, y ese *impasse* a la gente del sur le cuesta un poco más porque nosotros veníamos de Sevilla, Mallorca, Valencia, y te vas a Londres... Estas tres ciudades a nivel de vida, de estar en la calle, son ciudades de 24 horas de sol, y esa transición familiar sí fue un poco difícil en esos primeros meses. Tuve una conversación con el míster y le comenté eso, que hacía bastante frío, que llovía constantemente y que, a nivel familiar, no tanto por mí, estaba siendo complicado". ¿Qué hizo Wenger? Le dijo a Lauren que en la vida no todo podía tenerse y que el Arsenal es una institución brutal. Eso ayudó a que el lateral derecho lo tuviese aún más claro y pudiese transmitírselo a su familia. La idea de que, ante una situación concreta, había que buscar la forma de ver las cosas desde un punto de vista positivo. Aunque esa realidad, a nivel familiar, se viera menos. Era inevitable comparar, por ejemplo, la situación meteorológica en la ciudad de la que venían y Londres. Pero todo eso le ayudó también a afrontar las cosas de una forma diferente.

Arsène Wenger, en el documental sobre su vida, describe ese vestuario como "una mezcla continental perfecta en la forma de ver el fútbol, pero con un ambiente y cultura británicos. Inmigración perfecta respetando los valores locales". Algo en lo que Gilberto Silva coincide y añade: "Cada persona aportaba su sabor. Es química. Combinación de respeto, cultura, personalidades y el perfil de cada uno. Todos eran grandes jugadores que representaban a su país, pero también al Arsenal. Teníamos un objetivo común. Hacerlo lo mejor posible para que el equipo ganara. Solo pensábamos en eso. El respeto colectivo nos dio el poder para competir en cada batalla".

"Para mí era como leer un libro. Era increíble", admite Ljungberg. "La mayoría encontrábamos interesante aprender cómo funcionan las diferentes culturas y cómo podríamos hacer para que todas funcionaran. A mí me gusta viajar, me gusta la gente. Para mí cada día era un aprendizaje sobre cómo es la gente. Por eso me enamoré tanto de Londres, porque acepta la gente tal y cómo es. Es como respirar. Suena filosófico, pero aprendimos mucho los unos de los otros. Por los valores del club, debes adaptar tu cultura a la del Arsenal. Siempre pensé que esto era especial. Recuerdo los jugadores ingleses diciendo que querían que habláramos inglés en el vestuario, eso para mí también era especial. Nos entendíamos. Evidentemente un grupo, por ejemplo, de franceses, podía hablar en su lengua nativa, pero se convertía en algo que nos involucraba a todos, porque todos intentábamos participar. Yo no entendía una sola palabra del acento *cockney*[15] de Ray Parlour cuando llegué, pero aprendí porque todos intentábamos interactuar con los demás en su lengua. Creo que fue muy útil y se lo agradezco al club".

Lauren confiesa que "había mucho bromista. Recuerdo mucho a Ray Parlour. Es que no paraba. Llegaba y le gastaba bromas a todo el mundo, como Sylvain Wiltord. En las charlas, en el hotel… Éramos un

---

15 El acento de *cockney* es característico de los distritos del East-End londinense. Los habitantes de esa zona tienen un dialecto y acento distintivos.

espectáculo. Yo recuerdo la de Ray Parlour, que estando dentro del vestuario con Nwankwo Kanu, que se vestía... Digamos que no era Freddie Ljungberg. Siempre traía ropa de muchos colores y un día Parlour se fijó en sus calzoncillos, y cogió y los colgó en una zona alta que era imposible de llegar. Claro, Kanu después de ducharse empezó a buscar los calzoncillos en su sitio y todo el equipo mirando y riéndose. Era un equipo de gente maravillosa, genial, súper competitiva pero el ambiente dentro del vestuario era distendido. Eso era necesario porque éramos un equipo que tenía que ganarlo todo y había mucha presión. Y la presión nos la quitábamos de esa forma".

Llegar al vestuario de un club del tamaño del Arsenal implica tener que aprender ciertas tradiciones, valores, actitudes y rivalidades. Pat Rice era uno de esos miembros del cuerpo técnico de Wenger que se encargaba de transmitir, con su experiencia, todo lo que los nuevos debían conocer. Ljungberg recuerda perfectamente lo que le dijo al llegar: "Aquí tenemos algunos principios de respeto que debes mostrar a cualquiera en el club. Todo el mundo es igual, mostramos siempre respeto y, esto es especial, el espíritu del Arsenal. Si no ganamos un título cada año, es un fracaso enorme. Así que ya sabes qué es lo que tenemos que lograr en este club". Y esos jugadores, que se implicaron mucho con el club, respondieron como debían. "Estaba tremendamente orgulloso de formar parte de un club con estos estándares. Estaba extremadamente orgulloso de portar ese escudo por lo que significaba. Para mí esto es lo que sigue siendo el Arsenal, por eso sigo siendo seguidor. Puede parecer tonto, pero cuando cambié de club seguí dando la mano a los encargados de la limpieza cada mañana, al recepcionista, a quien fuera. Muchos jugadores no lo hacen en el resto de los clubes. Yo esto lo aprendí en el Arsenal: mostrar respeto a todo el mundo, todos valemos lo mismo. Y eso aporta algo que hace que el club avance. Lo siento como algo especial", confiesa el atacante sueco.

El propio Pat Rice lo explica: "Yo compartía lo que un día me compartieron a mí cuando tenía 15 años. El mensaje era claro: 'Sé bueno con los demás en la subida, que los necesitarás cuando caigas. Recuerda quién eres, qué eres y a quién representas'. Nosotros, como jugadores, lo único que podemos garantizar es dar el 100 % cuando salimos al campo. No podemos asegurar que ganemos el partido y el entrenador no puede garantizar que juguemos bien. Pero sí que lo demos todo. Por eso te querrán los seguidores del Arsenal. Te lo perdonarán todo. Pero si ven que no compites por ellos, pasarán de ti".

Otro personaje importante fue Boro Primorac, segundo entrenador del equipo, al que Wenger conoció en Francia. "Solía sentarse con nosotros en la parte de atrás del autocar. Hablaba con nosotros, entendía cuál era nuestro estado anímico. Pero no para contarlo ni nada de eso. Era, mas bien, para formar parte de la unión. Wenger, en cambio, se sentaba delante con Pat para preparar el partido". La forma de ser de Primorac lo convirtió en un buen enlace entre Wenger y los jugadores. "Era una enciclopedia de fútbol. Conocía a todos los jugadores, incluso los más desconocidos. Se sentaba con Wenger a cenar y ver fútbol toda la noche. Y era un entrenador que técnicamente era bueno. Solía hacer demostraciones en los entrenamientos", explica de él Martin Keown.

Y es que los miembros del cuerpo técnico eran las bisagras para que todo el engranaje funcionara. Vic

Akers era el encargado del material en ese momento, según Gilberto Silva era "el tipo de persona que tiene todo tipo de historias por contar. Tiene mucha experiencia en el club. Ha conocido muchos jugadores, mucha gente con diferentes caracteres. Tiene mucho que enseñar. Él hace las cosas a su manera, relajado, positivo. Me gustaba acercarme a él porque sabía que podía aprender mucho solo con escucharle. Había pasado por diferentes momentos del club. Vic fue uno de los muchos de los que aprendí. David Dein fue otro. Arsène, otro. Pero también de los trabajadores del club. Hablaba con ellos, aprendía de ellos, de su forma de vivir, su cultura y su forma de ver el fútbol. Jugar en el Arsenal esos seis años fue la mejor experiencia de mi vida. Fue el club en el que más tiempo pasé. Ingleses, franceses, alemanes... pero todos ganadores. Dentro de cada uno había un ganador. Nos costaba aceptar la derrota. Nos mirábamos a la cara y pensábamos en demostrar lo que valíamos en el siguiente partido para volver a ganar. Esta personalidad ganadora, sumada a cómo se mezclaron las diferentes culturas, generó un gran ambiente".

Hay que darle la importancia que tiene a que la gente que ha vivido el club desde dentro pueda transmitir el significado de lo que es para ellos, y los valores y el orgullo de pertenecer a esa institución. Para los nuevos, y más si se trata de jugadores provenientes de otros países, entender desde el primer momento el club hará su adaptación mucho más sencilla. El sentido de pertenencia también gana partidos.

CAPÍTULO 7

CLUB

El Arsenal es un club que, ya antes, pero sobretodo tras la llegada de Arsène Wenger, se rige por dos valores: clase y tradición. Los aficionados del club tienen una forma de hacer y de pensar influenciadas por esta institución. Para Tim Payton "el Arsenal... Siempre digo que, en el nombre, la palabra más importante es Club. Arsenal Football Club. Club significa comunidad, estar juntos para ver al equipo, animarlo, formar parte de la institución. Es un club, una comunidad, un grupo de gente que se junta, que disfruta yendo a los partidos, viendo al equipo jugar... es parecido a una religión en la que tu templo es un estadio de fútbol, no una iglesia".

El Arsenal Football Club se funda el 1 de diciembre de 1886 bajo el nombre de Dial Square. Lo hicieron los trabajadores de la Woolwich Arsenal Armament Factory, que disputaron su primer partido el 11 de diciembre de ese mismo año, ganando 6-0 al Eastern Wanderers.

Diego Latorre explica que, para él, "el Arsenal es algo que puedo resumir en una palabra: clase. Aunque se ha perdido un poco, es algo que sobrevuela siempre. La clase de Wenger. Hay un antes y un después. También ha habido otros entrenadores influyentes, innovadores, que fueron descubriendo a través de la táctica cómo se podía optimizar el rendimiento y neutralizar al rival ocupando los espacios. Pero me parece que Wenger le otorgó un sello de distinción en cuanto a la sofisticación, a la clase, a una manera de entender un estilo que se relacionaba justamente con eso. Era un contraste al fútbol inglés, donde había mucha más lucha, pelea, dentro y fuera de la cancha. Y él generó que se pensara el fútbol a partir de la clase, del gustar. Siempre fue un tipo muy preocupado por la elegancia, por el gusto, la sofisticación... Es algo que se veía en sus equipos. En la elección de los jugadores que lo conformaban, más que en el diseño táctico. Elegir a uno como Bergkamp, Henry, Pirès... Ahora sería algo más común en cualquier equipo, pero antes no era frecuente. Siempre hubo grandes jugadores, pero no dentro de un marco creativo como en el Arsenal".

Clase, distinción, elegancia, religión, comunidad, sofisticación, estilo. Son palabras que se repiten cuando uno habla del Arsenal. Ignasi Miquel tuvo la oportunidad de hacer una pretemporada del equipo en Asia y Estados Unidos y lo define como "espectacular. Yo he jugado en China contra el Manchester City con 100 000 aficionados... Algo exagerado. En el hotel una cantidad de gente... Habían cerrado el hotel porque la gente se colaba para pedirte autógrafos, para estar contigo. Es un club que por magnitud está a la altura del Manchester United. Sobretodo en Asia. En Estados Unidos el fútbol aún está inculcándose. Yo miro atrás y me sorprende muchísimo la cantidad de *fans* que se desvíven por el Arsenal alrededor del mundo. No son solo seguidores, era una auténtica locura hasta hacia mí, que era del filial. Imagínate con un Walcott, un Fàbregas, un Van Persie...".

El Arsenal es un club que ha pasado por casi todas las situaciones posibles. Cuando llegó Arsène Wenger, éste se encontraba en un momento difícil. El *Boring, boring Arsenal* del que ya hemos hablado definía la realidad de un club que, a pesar de que seguía peleando por los títulos, se había instalado en un umbral que le hubiese valido para seguir sobreviviendo. Subsistiendo, sin más. Por eso la llegada del técnico francés fue un soplo de aire fresco. Sirvió para devolver al club y a sus aficionados esa sensación de pertenecer a algo único y especial. Transformó al equipo dentro del campo, pero también lo hizo fuera. Es un modo de hacer y ver las cosas. Desde la nobleza, desde el *fair play* y la clase. Es conocer sus tradiciones y no solo respetarlas, sino que también potenciarlas. El Arsenal es grandeza e historia. Es una muestra de una parte de la sociedad, en sus inicios de clase media-baja, que ha ido creciendo con el club y que, poco a poco, se ha establecido en otro estamento social, pero sin dejar de recordar los orígenes humildes de un club que sigue siendo de su gente. Porque, a pesar de que su propiedad es americana, el poder y la voz de los socios sigue siendo muy alto. Una vez cada varios meses se llevan a cabo reuniones en las que participan representantes de los seguidores del club y la directiva de este, y se ponen en común ciertos temas relacionados con el presente y futuro del club.

Su valor en la comunidad es incalculable y, desde 1985, el Arsenal usa su influencia para llevar a cabo programas sociales que, a través del deporte y la educación, ayudan a más de 5000 personas a la semana. Como reza en su página web: "El fútbol tiene la habilidad de juntar a las personas y darles ese sentimiento de pertenencia y de una identidad compartida. Pedimos a la gente que tome un momento para reflexionar sobre la diversidad de talentos que existen, cada uno con su historia y su orgullosa herencia. Nos unimos como equipo y conectamos entre nosotros, independientemente de la raza o la religión. A través de Arsenal for Everyone nos esforzamos en garantizar que cualquiera que sienta conexión con el club pueda tener el mismo sentido de pertenencia. Seguiremos celebrando nuestra diversidad y usando nuestras plataformas para educar a los demás y mantener la tolerancia cero con la discriminación. Los jugadores que ves hoy, y los que los precedieron, son íconos, atletas de élite, pero ante todo humanos y parte de nuestra familia. No permitiremos que el abuso, el racismo y el odio se conviertan en una parte normalizada de nuestro juego". Creo que queda lo suficientemente clara la contribución e implicación del club en hacer del fútbol un deporte inclusivo para cualquiera.

Los primeros recuerdos que tengo del Arsenal son de los Invincibles. Son de un equipo que respetaba al rival, pero que confiaba siempre en sus posibilidades. Son de un grupo de jugadores que, pudiendo ganar de muchas formas, lo intentaba hacer por la vía del juego asociativo, vertical; bonito, pero efectivo. Ganaban el partido a partir de una belleza estética que hacía imposible dejar de verlos. "El fútbol es un arte", dijo una vez Arsène Wenger. *Victoria Concordia Crescit* es el lema del club. La victoria a través de la armonía. La idea de familia. Algo irracional que se cimienta en argumentos totalmente tangibles. El club está acostumbrado a sufrir, pero tiene una forma de hacer las cosas que lo distinguen del resto cuando gana, e incluso si pierde. Es esa primera vez que pisas el estadio en día de partido. Subir las escaleras hasta la grada, ver el césped. Aunque sea para presenciar un empate en un mal partido, como me pasó a mí. Es un amor imperfecto, como todos los amores, pero también capaz de hacerte llegar a cotas inalcanzables a través de otros caminos.

CAPÍTULO 8

HIGHBURY

La importancia de los estadios ingleses tradicionales en el devenir de los partidos era, y sigue siendo en aquellos que se mantienen en pie, un factor más para tener en cuenta cuando se preparaba el partido. En el fútbol moderno sigue siendo un tema importante, pero no es lo mismo. Antes, sin las televisiones y con los aficionados prácticamente encima de los jugadores, se vivían ambientes que podían desequilibrar el partido favorablemente para el equipo que jugaba en casa. Hasta los árbitros se podían sentir influenciados en sus decisiones.

Y uno de ellos era Highbury, cuya importancia en el récord de 49 partidos consecutivos sin perder en Premier League no puede menospreciarse. "Highbury te lo daba todo: vida, poder, deseo", confiesa Thierry Henry. Para Wenger "había algo especial en Highbury. De camino al estadio veías a los aficionados dirigiéndose a él. Sales del autocar, todo lleno de seguidores. Todo era pequeño, hasta los pasillos eran estrechos. Pero tenía ese espíritu. Cuando sacabas un córner podías darles la mano a los aficionados, hablar con ellos. Tras el partido, los aficionados sabían que las ventanas del vestuario daban a la calle y nos gritaban. Los jugadores abrían las ventanas. Ian Wright cantaba con ellos. A veces necesito sentir eso de nuevo y paseo por esas calles. Era real y no es algo que puedas mantener con el nuevo estadio".

Los jugadores sentían esa influencia incluso antes de saltar al campo. "Nosotros nos sentábamos en la ventana con Ashley Cole dos horas antes del partido y estaba la gente votando. Era curioso porque, una vez habías calentado y volvías al vestuario antes de salir, el estadio retumbaba. Se movía del gentío en las gradas, del ambiente. De lo que gritaban. Siempre digo que el futbolista que no salga a Highbury motivado y con ganas de ganar el partido, ese no es futbolista. Dos horas antes ya te metían en el partido y eso yo no lo he visto en mi vida. Es algo espectacular. Un ambiente único. El Boxing Day[16] era como un regalo que nosotros le hacíamos a la afición. Tú veías, yendo al campo desde el hotel de concentración, cómo iban las familias. El ambiente familiar. Gente que venía de cualquier parte del mundo para ver ese partido en concreto.

Además, la gente del club ya se encargaba de explicar la importancia del Boxing Day desde el primer día. La gente echa el día entero. Eso es único en el mundo. Tú tienes que devolver al aficionado el esfuerzo que hacen para venir a verte. Para el inglés ese día es especial porque va con toda la familia. Ojalá poder revivirlo porque es espectacular". Ese apoyo, ese puntito

---

16 El Boxing Day se celebra el 26 de diciembre. Hay muchas teorías sobre el origen de este día, pero se dice que, después de Navidad, las clases nobles entregaban cajas de comida al servicio. También es un día importante en el fútbol porque, al ser festivo, las familias al completo acuden a los estadios para ver a sus equipos, convirtiéndose en un día muy especial.

más de agresividad, de querer ir a por el partido, de buscar la victoria. Ese aliento cuando el equipo estaba por detrás en el marcador, o la tranquilidad necesaria cuando se sufría para mantener un marcador positivo. Palabras de Lauren.

"Era mágico. Lo echo de menos cada día", explica Amy Lawrence. "El sitio más importante de la vida de muchos jugadores y seguidores. Lo más grande es que tenía su propio carácter, como si fuera un jugador más. Eso no lo sientes en un estadio moderno.

Tenía ese algo que lo hacía único. Te hacía sentir en casa. Y lo cerca que estaban los *fans* de todo. Los jugadores iban a sacar un córner y tenían a alguien, literalmente, a su espalda. Pero es que fuera del césped, el vestuario, por ejemplo, estaba cerca de las escaleras por las que los aficionados accedían a la grada. Si los jugadores tenían las ventanas abiertas veían la calle llena de seguidores. Debían sentir como si los seguidores estuviesen justo fuera. En momentos de celebración, de hecho, los jugadores sacaban la cabeza por la ventana y enseñaban el título. Todo esto ha desaparecido del fútbol moderno, y es triste porque era muy auténtico, conseguía conectar la gente trabajadora con la élite futbolística".

Para Bruno Alemany, Highbury "fue fundamental. Era un equipo que vivía también de esos momentos de emoción, cuando empiezas un contraataque y tienes a la afición gritando como locos, que te da un plus. Las gradas, tan cerca del campo, de estadio inglés de toda la vida, y además la historia de ser gente sufrida, no es de las aficiones con más dinero de Londres. Gente que anima mucho, que está encima del equipo y quiere verlo ganar porque realmente no había sido un gran club ganador, al menos con continuidad, y que fue absolutamente clave la conexión con la grada que se enamoró de la forma de jugar de ese equipo, vertical, que creaba peligro a balón parado... Todo eso encantaba". Hay conceptos que se repiten, hables con quien hables. La cercanía de la grada al campo, el empuje que daban los aficionados cuando el equipo más lo necesitaba, el perfil del aficionado *gunner*, que ve como, por fin, su equipo es el rival para batir de una forma mantenida en el tiempo...

"Al estar el público tan próximo, la gente participaba del juego con todo su fervor y energía, y eso empujaba a los jugadores", explica Diego Latorre. "Sobretodo porque cuando un equipo empieza a jugar, a ganar, a maravillar, y ser contundente con esa clase de futbolistas, se genera un contagio en el que el jugador termina siendo empujado por la vibra del público. Eso influía al temperamento del equipo y a los visitantes, que les impactaba en el rendimiento". Hay una palabra que no habíamos usado hasta ahora, pero que es totalmente fundamental: contagio. Si el equipo funcionaba, el graderío se dejaba la voz por ellos, animando y llevándolo en volandas. Si el equipo, por lo que fuera, no arrancaba ese día, también era la afición la encargada de levantar al equipo, de ponerlo de nuevo sobre su raíl para que no descarrilara.

¿Y para el aficionado? Tim Payton: "Highbury es mi primer estadio, así que para mí es especial. Cada grada tenía su propia alma. El partido cambiaba en función de donde lo vieras. Cuando entrabas al estadio... Era un estadio con mucha historia, muy pequeño, pero tenía esa historia. Aparecía entre las casas, girabas la esquina y de golpe te lo encontrabas ahí. Era casa, era tradición. Era el campo más pequeño de la Premier League, y posiblemente esa era una de las razones por las que el equipo antes era considerado defensivo. De hecho, creo que ahora mismo esas medidas no serían ni válidas. Inglaterra no podía jugar ahí por las medidas. Las gradas estaban tan cerca del césped... Como a dos metros. Estabas muy cerca de la acción". Situado entre el distrito de Highbury e Islington, en el norte de Londres, fue el estadio del Arsenal desde septiembre de 1913 hasta mayo de 2006. Lo diseñó Archibald Leitch, autor de otros estadios como el de Anfield (Liverpool), Old Trafford (Manchester United), Ibrox (Rangers) o Celtic Park (Celtic). Tenía una capacidad para 38 500 espectadores, cifra que obligó al club a tener que construir el actual Emirates Stadium: "Teníamos que movernos, no había otra opción. Teníamos 50 000 personas en cola para tener asiento en el estadio", explica David Dein.

El 7 de mayo de 2006, el Arsenal se despidió del Highbury Stadium con una victoria por 4-2 ante el Wigan Athletic, en lo que a la postre significaría la clasificación para la UEFA Champions League del año siguiente, y el último partido de Dennis Bergkamp con la camiseta del club del norte de Londres. "Significa mucho para mí despedirme de Highbury con buen sabor de boca tras los grandes recuerdos que hemos generado aquí. Cuando estábamos empatando, he podido notar ese sentimiento también en los jugadores", explica Wenger a las cámaras de *Sky Sports*. "Tocaré el césped por última vez porque amo este campo. Es triste, muy triste, el sentimiento de que nunca más, al volver aquí, veremos el estadio. Y poder volver cuando lo echemos de menos y sentir el césped".

CAPÍTULO 9

POST

La temporada 2004-2005 será recordada siempre por dos hechos: el primero, que el Arsenal acabó cayendo por primera vez en Premier League desde que el 4 de mayo de 2003 lo hiciera en casa ante el Leeds United por 2-3. Era la temporada 2002-2003. Y el segundo, que Jose Mourinho y su Chelsea cosecharon 95 puntos en liga, recibiendo solo 15 goles en los 38 partidos de competición, y sufriendo una única derrota, ante el Manchester City, en octubre de 2004. El inicio de una nueva era en la Premier League inglesa.

El Arsenal quedaría segundo en esa temporada 2004-2005, a 12 puntos del Chelsea y 6 por encima del Manchester United, logrando clasificarse directamente para la UEFA Champions League (por aquel entonces, tercero y cuarto clasificados iban a una ronda de previa para meterse en la fase de grupos). Al Arsenal lo marcó tanto su derrota a finales de octubre ante el Manchester United, que, salvo por el derbi del norte de Londres contra el Tottenham del 13 de noviembre, fue incapaz de ganar en cuatro de sus siguientes cinco encuentros. Empates ante Southampton, Crystal Palace y West Bromwich Albion, y una derrota en Anfield ante el Liverpool que le acabaron costando la liga.

Ya la siguiente temporada, la 2005-2006, sería la de la renovación de parte de la plantilla de los Invincibles y, con ella, la irregularidad en una liga que el Arsenal acabaría cuarto clasificado. Eso sí, todo pudo quedar en anécdota si en el Stade de France, París, un 17 de mayo de 2006, el Arsenal hubiese logrado aguantar el 0-1 que Sol Campbell había anotado de cabeza en esa final de la UEFA Champions League ante el Barcelona. Los pupilos de Rijkaard, en superioridad numérica desde el minuto 18 por la expulsión de Lehmann, acabaron remontando con goles de Eto'o y Belletti en los minutos 76 y 81 de partido. Nada volvió a ser lo mismo tras esto.

Durante junio de 2003, el multimillonario ruso Roman Abramovich se hizo con la propiedad del Chelsea Football Club a cambio de 165 millones de euros. Canceló su deuda e invirtió grandes cantidades de dinero en algunos de los mejores jugadores y entrenadores del mundo, en un momento en el que el control financiero de los estamentos que rigen el fútbol no era como el que hay ahora. En septiembre de 2008, el jeque Mansour bin Zayed bin Sultan Al Nahayan, de los Emiratos Árabes Unidos y miembro de la familia que gobierna en Abu Dabi, se convirtió en el máximo accionista del Manchester City Football Club, tras pagar 250 millones de euros. Tras eso, situó su inversión en fichajes en niveles que ni el Chelsea había alcanzado, buscando ponerse al nivel de los equipos punteros a nivel histórico.

Estas dos compras de clubes ingleses hicieron su parte en el declive deportivo del Arsenal. La construcción del Emirates Stadium fue mucho más cara de lo que se había presupuestado, y la aparición de clubes rivales sin ningún pudor en gastar lo que hiciera falta para fichar a jugadores, hizo que el Arsenal se viera prácticamente obligado a vender a sus mejores jugadores para poder seguir siendo un club autosuficiente. De hecho, Arsène Wenger afirma en el documental sobre su vida que "Highbury fue mi alma; el Emirates, mi sufrimiento".

Tras la final de la UEFA Champions League de 2006, uno de los mejores laterales izquierdos del mundo, canterano del Arsenal, era Ashley Cole. Ese mismo verano el Chelsea firmó al jugador, que cambió de bando en Londres. En 2009 la situación se repetiría, pero con el Manchester City como protagonista. Kolo Touré y Emmanuel Adebayor fueron los primeros en cruzar el puente a Manchester, pero no fueron los únicos: Samir Nasri y Gael Clichy se fueron del Arsenal en 2011, y Bacary Sagna en 2014. El mundo del fútbol cambió, el dinero se le caía de los bolsillos a algunos equipos y el Arsenal no podía hacer nada frente a ello. Hleb dejó el club por el FC Barcelona, igual que Thierry Henry, Cesc Fàbregas, Thomas Vermaelen y Alex Song. Robin Van Persie se iría años más tarde al Manchester United...

Para los aficionados, y para Wenger como hemos podido comprobar, fue una época muy oscura. Tanto que desde la FA Cup del 21 de mayo de 2005, en la que Patrick Vieira anotó de penalti en su último toque como jugador del Arsenal, el gol de la victoria ante el Manchester United, el Arsenal no ganó ningún título en 9 años. Tuvo que esperar mucho el aficionado *gunner,* inmerso en una especie de travesía por el desierto que parecía no tener fin. Pero lo tuvo. Fue en Wembley y fue, de nuevo, una FA Cup. No por nada es el Arsenal el club con más FA Cups de la historia (14 al término de la escritura del libro). Ante el Hull City, los chicos de Wenger tuvieron que remontar un 2-0 en contra para, con goles de Cazorla, Koscielny y Ramsey, alzar el deseado título.

¿Pudo suponer la etapa de los Invincibles y la posterior final de la UEFA Champions League una losa para el club? Para Tim Payton no: "No creo que ese sea el problema. Creo que por muchas razones: mala gestión de los propietarios, de *managers,* de directivos, jugadores de poco nivel... Hemos llegado a este punto. Los seguidores del Arsenal pagan las entradas más caras y los jugadores tienen sueldos de nivel Champions League y, aún así, no juegan a ese nivel. Tenemos el quinto presupuesto para sueldos de la competición, luchar por el sexto puesto debería ser un fracaso". Diego Latorre coincide en algunos puntos: "No creo que ese logro sea una losa. No ha sido un impedimento para que el equipo crezca. Sí que estará siempre en la consciencia del hincha. Antes de Wenger al Arsenal se lo relacionaba con el fútbol aburrido, *Boring, boring Arsenal*, mantenía resultados y ganaba por poco. Lo que ocurre es que, por la política del club en su momento, y el propio Wenger fue parte sustancial de eso manejando el presupuesto del club, siempre tuvo el objetivo de no generar déficit en medio de la construcción del estadio. Se preocupó mucho por la parte financiera y justo coincidió con la llegada de los grandes magnates. Sobretodo Abramovich, que fue el que cambió un poco en la Premier League esa cuestión de poner dinero indiscriminadamente con el abuso del *fair play*. Ahí el Arsenal quedó un poquito rezagado y ya no compitió con las herramientas que tenían otros equipos, especialmente el Chelsea, y lo siguieron otros: Manchester United, que también empezó a comprar grandes estrellas para sostener a sus equipos, más allá de la gestión de Ferguson... Pero como política de club, creo que el Arsenal siempre fue de presupuesto muy cuidado, de elegir puntualmente unos jugadores que nunca desbordaran ese presupuesto comprometiendo financieramente al club, que tenía que pagar el Emirates... Así que me parece que a partir de 2003-2004 el Arsenal ya no tuvo el dominio, ni pudo imponerse como se venía imponiendo".

Para Ilie Oleart, la etapa de Wenger en el banquillo del Arsenal se divide en dos partes, aunque no lo achaca tanto al tema económico, como al del paso del tiempo y el cambio de manos del dominio: "Para mí, la era Wenger se divide en dos etapas separadas por esa final de Champions. La primera de crecimiento e innovación, con varias Premier y esa final europea. A partir de ahí, comienza un lento declive que acaba con la salida de Wenger por la puerta de atrás. Creo que, como la mayoría de los entrenadores, no fue capaz de adaptarse al paso del tiempo. Les ha pasado a todos, incluido a Ferguson, que se fue en el momento en que vio que el Manchester United ya no podría mantener su reinado, o Mourinho ahora. Wenger fue un innovador, alcanzó el éxito, pero ese éxito fue precisamente el que provocó que dejara de innovar". Adaptarse o morir. Ignasi Miquel, que vivió precisamente esa etapa después de la final de la Champions, tiene claro que "cualquiera se adapta a lo bueno. Cuesta aceptar los cambios de ciclo, como ha pasado en el Chelsea, el Manchester United o el Liverpool. El tema del cambio de estadio generó una deuda enorme y costó invertir en futbolistas de rendimiento actual, pero creo que es algo que viene implícito en un club de este tamaño. Los aficionados son exigentes de querer volver a eso. Cuando volvieron a ganar la FA Cup, la sensación de euforia, de sacarse de encima ese peso, era lo que yo vi en la gente. Es muy bonito ganar, y cuando no lo haces, viniendo de conseguir títulos como ligas o la temporada sin perder, esa sensación de querer y no poder genera impotencia".

El 20 de diciembre de 2019 Mikel Arteta fue presentado como nuevo entrenador del Arsenal, sustituyendo en el cargo a Unai Emery, que relevó a Wenger, y Freddie Ljungberg, que estuvo como entrenador interino hasta la firma del excapitán del Arsenal. Su reinado arrancó bien, con dos títulos en sus primeros meses al mando (FA Cup y Community Shield), pero su primera temporada completa al frente no tuvo la evolución esperada. Eso sí, mantiene la confianza completa de la directiva y da la sensación de que ha sabido encauzar la situación y mejorar el rendimiento de los jugadores y el club. Wenger sobre el técnico español: "Sé que con Mikel Arteta pueden renacer los valores, espíritu y estilo que nos caracterizaba. Cuando era jugador del Arsenal, era pasional, determinado, inteligente y con la viveza y determinación de la juventud, y creo que no ha perdido tales características. Cuenta con la experiencia y las ganas que se requieren para intentar reanimar el alma del club". Otro que lo conoce bien es Ignasi Miquel, que coincidió con él en el vestuario del Arsenal: "A mí me cuidó como a un hijo. Me ayudó en absolutamente todo. Quería que mejoraras. Era exigente, pero sabía como cuidarte. A mí me invitaba alguna vez a su casa a comer barbacoa, quería hacerte sentir parte del equipo. Pero también quería que rindieras y estuvieras al nivel que tocaba. Tenía planta de entrenador. El tema táctico, posicional, pensar en lo que haría el contrario, todo eso le gustaba. Pero en el campo encima tenía personalidad y carácter para que el equipo funcionara. Por eso llegó a ser capitán".

CAPÍTULO 10

RECUERDO

El recuerdo de los Invincibles permanece y permanecerá impoluto siempre que no haya otro equipo que consiga igualarlo. Evidentemente el paso de los años y, con ellos, el hecho de que haga tanto tiempo que nadie lo consigue, hace que esa leyenda se agrande. A veces ver las cosas desde la distancia hace que los defectos se empequeñezcan o, directamente, desaparezcan, pero es que, en este caso, salvo por esos dos tropiezos seguidos en FA Cup y UEFA Champions League, las imperfecciones fueron casi inexistentes. Illie Oleart es muy consciente de cómo puede afectar el paso del tiempo a la memoria colectiva, aunque eso no quite ni una pizca de mérito a lo logrado: "Como suele suceder con la lejanía que produce el paso del tiempo, la leyenda del Arsenal de los invencibles se ha ido agrandando. Creo que el tiempo ha agrandado sus virtudes y disminuido, si no totalmente eliminado, sus defectos. Dicho esto, su récord sigue inquebrantado hoy en día (sin olvidar por supuesto al Preston North End), en una época en que parece más fácil acabar invicto que entonces. Así que merece su estatus de equipo legendario". Una hazaña que sirvió para que muchos de los actuales aficionados al Arsenal conocieran y se acercaran al equipo. Es curioso porque, aún hoy en día, hay jugadores de élite que eligen al Arsenal por encima de otros equipos para poder pertenecer a la institución que tanto les cautivó de pequeños. Este último no es el caso de Diego Latorre, que no jugó en el Arsenal, pero sí que reconoce que su afición por este club tan lejano a su país de origen le nace "por culpa" de los Invincibles: "Yo justamente me hice hincha del Arsenal por ese equipo. Era un equipo inusual para la época. Apareció en un momento del fútbol inglés en el que se jugaba a otra cosa. El fútbol tradicional inglés eran pelotazos, desbordes, centros al nueve, pierna fuerte, un fútbol salvaje, que parecía que estaba todo permitido, y tanto dentro como fuera de la cancha Wenger cambió las reglas del fútbol inglés. Yo me enamoré instantáneamente de ese equipo, que tenía un poco de todo eso, porque conservaba rasgos, pero con un toque de *glamour* francés con Henry, Bergkamp, Pirès, Ljungberg... Y pasé a ser un fiel admirador de Wenger y su manera de entender el fútbol". Una filosofía como forma de entender el fútbol que generó adeptos alrededor de todo el mundo.

Y si consiguió cautivar a aficionados de todo el mundo, qué decir de aquellos que ya eran del Arsenal como Amy Lawrence: "Yo crecí con el Arsenal en el corazón, creo que mi primer partido fue a los seis años... Mucho tiempo antes de los Invincibles. He vivido la historia de este club en diferentes años, con diferentes sabores, así que cuando ahora pienso en ellos, lo veo como la cima de la montaña. Define un momento, un equipo, un entrenador, una idea, un sueño, con la bandera clavada en la cima de la montaña para todos. Cuando sigues el fútbol durante mucho tiempo, en diferentes décadas, ves que no es una línea recta, directa. No es como sentarte en el coche e ir directo a tu destino. Tienes que pasar por ríos, ciudades, pueblos, a veces hay tráfico, otras hace buen día... La vida está llena de diferentes cosas. Durante los años, los clubes pasan por momentos muy diferentes, algunos muy duros como ahora, y otros muy bonitos como ese. Pienso que hay algo alrededor de hacer historia que lo hace más importante. Si ganas el título siempre es impresionante, pero si lo haces consiguiendo algo único, es aún más impresionante. Esa, creo, es la clave que hace a los Invincibles más importantes, eternos. Por ejemplo, cada año que pasa, la gente va mirando a la clasificación para ver si todos los equipos han perdido un partido. Si eres un seguidor del Arsenal es un poco tonto, porque hay cosas más importantes de las que preocuparse, pero honestamente cuando empiezas a ver que ha perdido el Manchester United, el Chelsea también, vas mirando y cuando solo quedan uno o dos equipos, como el Liverpool últimamente... O el Chelsea cuando tiene un buen arranque y no pierde... Eso es porque lo sentimos como algo muy nuestro y no queremos que lo tenga nadie más. Queremos que sea lo más preciado que tenemos y que nadie se le acerque. Y ahora lo comprobamos. Cuando pierde el ultimo equipo que quedaba sin perder, las redes sociales se llenan de comentarios, imágenes de los jugadores, del trofeo... '¿Es el tuyo dorado?' por el título especial que hizo la Premier... Cuando perdió el Liverpool, el último equipo que más cerca ha estado, me mensajeé con algunos jugadores de la época y se notaba que para ellos era importante. En casa lo celebramos muchísimo, igual que en la calle". La importancia de pertenecer

a algo que es único y que, por lo tanto, no lo tiene nadie más.

Tim Payton coincide: "Pienso en el mejor equipo del Arsenal que he visto jugar nunca. Pero ya pensaba en aquel momento, y se ha cumplido, que no veíamos algo así nunca más. Sabíamos que estábamos presenciando algo muy especial. Cuando pienso en los Invincibles, pienso en la etapa desde 2002 hasta 2004, porque empezamos a jugar parte de nuestro mejor fútbol antes de la temporada. Ha acabado convirtiéndose en una gran palabra que describe una etapa muy especial para los seguidores del Arsenal. La temporada de los Invincibles es una temporada más de ganar un título, pero con algo que la hace especial. No fue ni nuestra mayor puntuación en liga, empatamos muchos partidos, pero podemos estar horas debatiendo si fue el mejor equipo nunca visto o no, pero lo que sí fue es único. En la Premier League actual es un logro único, muy especial, y fue muy bonito que convirtiera ese equipo en algo irrepetible. Ha habido muchos grandes equipos, pero ninguno como este. Los Invincibles son lo mejor del periodo de Arsène Wenger, el punto álgido. Fue, de hecho (seguramente porque no llegamos a ganar esa Champions League), el último gran equipo que diseñó Wenger. Se ha convertido en un gran acontecimiento. Ahora estamos en un momento en el que somos conscientes de que el Arsenal no va a ganar nada grande pronto, y uno de nuestros mejores momentos es ver al resto perder, al menos, un partido, y así seguir teniendo esa descripción de algo único, Invincibles, como nuestro. Pertenece al Arsenal, solo a nosotros".

Amy Lawrence añade que, si alguien lo volviera a lograr, "no estaría tan sorprendida como decepcionada. Estoy contenta con que sea nuestro trofeo especial. Cuando iban a ganar la liga sin perder, decían que era algo muy complicado de conseguir porque era un 'trofeo imaginario'. Si vas a ganar la liga o la Champions League, cuando lo consigues, tienes una copa. Aquí no. No era algo físico. La idea de la invencibilidad era eso, una idea. Por eso es interesante ver que el tiempo es el que le ha dado mucho más valor".

Evidentemente los jugadores son plenamente conscientes de que esa hazaña no tiene parangón en el fútbol inglés actual, y que la dificultad de lo que lograron no quedará nunca empañada. Varios de ellos coinciden en describirlo como la cumbre. Para Lauren: "A nivel futbolístico, la culminación de conseguir todos los éxitos que uno sueña de niño y hacerlo con un equipo como el Arsenal. Ganar títulos, ganar competiciones, jugar con los mejores jugadores de tu época, con el mejor entrenador y en un entorno idóneo. El mejor que te puedas encontrar a nivel profesional. En una institución como el Arsenal, por lo tanto, yo me quedo con eso, con el hecho de haber formado parte de un equipo espectacular". Según Bergkamp: "Como equipo es a lo más alto que puedes aspirar, ser invencible", y Henry destaca la fortaleza del grupo: "Cada uno de nosotros logró ser invencible, pero somos los Invincibles, en plural. Ese logro es insuperable".

Pero no podemos dejar de lado la opinión de dos de los protagonistas de esa hazaña. Describirlos como héroe y villano de la historia no sería justo, por más que en este cuento, uno quisiese acabar con lo que el otro estaba construyendo. Es tan poético, que tenía que ser él el entrenador que, al fin, acabó con la racha.

Para Arsène Wenger, ser Invincible es algo que habla de trabajo: "Que pudiese convencerlos de hacer algo que ellos no creían posible… Hice mi trabajo de manera perfecta durante un año. Culminé el sueño de mi vida. No puedo estar más orgulloso".

En el otro lado, Sir Alex Ferguson, que otra cosa no, pero ha sido, es y será siempre un caballero, reconoce que "esos partidos contra el Arsenal eran fantásticos. Yo conseguí 30 victorias, pero nunca una temporada sin perder. Es un logro que está por encima de todo lo demás. Y es del Arsenal". Palabra de dos mentes brillantes del fútbol mundial.

CAPÍTULO 11

TOTTENHAM 2-2 ARSENAL (25 ABRIL 2004)

Hay dos partidos más de esa temporada que quedarán siempre en la memoria de los aficionados del Arsenal. Uno es, sin lugar a duda, el que matemáticamente confirmaba que los del norte de Londres eran los nuevos campeones de la Premier League. El otro, claro está, cuando se hizo real la hazaña de acabar una temporada entera sin perder ningún partido. Vayamos por partes.

La rivalidad entre Arsenal y Tottenham, conocida como *North London Derby* o el Derbi del Norte de Londres en su versión castellana, no nace con su primer partido o por culpa de enfrenamientos por los títulos. La animadversión entre ambos clubes y sus aficionados se empieza a gestar en 1913, cuando el Arsenal se trasladó desde su estadio en Plumstead, en el sureste de Londres, a Highbury, a solo 6,4 kilómetros de White Hart Lane, el estadio del Tottenham en ese momento. Esa mudanza convertiría la distancia entre estadios de dos equipos en la más cercana de la competición.

La rivalidad creció en 1919, cuando, tras la Primera Guerra Mundial, la Primera División fue expandida a dos equipos más y se decidió mediante votación los clubes que tendrían ese privilegio. Chelsea, Barnsley y Tottenham, en Primera, pidieron mantenerse en la categoría, mientras que el Arsenal, entre otros equipos de Segunda, quería esa plaza en la máxima división. Los gunners se llevaron la votación, relegando al Tottenham y otros cinco equipos a jugar en Segunda. Y aunque los Spurs subieron al año siguiente, el daño ya estaba hecho. La dureza en los partidos que enfrentaban a ambos equipos creció y, aunque durante una etapa posterior a la Segunda Guerra Mundial la relación entre los clubes mejoró, esa rivalidad se ha quedado ya para siempre. Para Tim Payton "la rivalidad es enorme. El derbi de Londres lo significa todo para nosotros. En la época de los Invincibles la rivalidad era diferente porque no era por los títulos. La situación de los dos equipos estaba muy desequilibrada. El partido de la temporada era contra el Manchester United. La rivalidad entre Arsenal y Tottenham es irrepetible en Londres. Esté el Chelsea como esté. La felicidad de ganar al Tottenham no es comparable con la de ganar al Chelsea. Al final, el partido ante el Chelsea se vuelve más importante por la clasificación, pero el *North London Derby* tiene la misma importancia aún siendo el Arsenal undécimo y el Tottenham duodécimo".

Según Gilberto Silva: "Pat Rice era el tipo de jugador que iba explicando a los nuevos la importancia de este partido. Pero no solo él. Martin Keown, Sol Campbell o Ray Parlour solían hablar de este encuentro. Tener estos chicos ingleses en el vestuario era muy importante para mí y para los jugadores extranjeros, para poder entender bien lo que significa para ellos y para el club. Debíamos entenderlo y mentalizarnos para ello. Si no, vas allí y te destrozan. Estás fuera. Debes disfrutar de la oportunidad, pero dándolo todo en el césped. Es lo que un partido así te pide. Poder, mentalidad fuerte y fuerza. Tienes que estar preparado para todo lo que te pueda ocurrir en este partido. Es el derbi del norte de Londres, ¿quién querría perdérselo? Hay que estar loco para eso. Es mucho más que un partido físico y táctico. Uno de estos derbis es un partido a nivel mental. Es el tipo de partido que tanto Patrick como yo disfrutábamos. La química entre nosotros funcionaba perfectamente y, para jugar bien, a veces necesitas alguien a tu lado que te ayude a subir el nivel. En ese momento no solo estábamos Patrick y yo. Teníamos jugadores alrededor que nos daban el apoyo y mejoraban el nivel de nuestros partidos. Esa es la diferencia".

Hechas las presentaciones, volvamos al césped. 25 de abril de 2004. White Hart Lane, Londres. Jornada 34 de la Premier League. 36 097 espectadores, arbitra Mark Halsey. El Manchester United había perdido el día anterior en Old Trafford ante el Liverpool, y el Chelsea hace lo propio en Newcastle, así que el Arsenal solo necesitaba un empate para ser campeón. Un único punto. Como bien sabéis, el fichaje de Sol Campbell por el Arsenal, procedente del Tottenham, levantó mucho revuelo en la ciudad, convirtiendo al central en el objetivo de las críticas por parte de los aficionados de los Spurs. Ese 25 de abril era una de las primeras veces que Campbell pisaba el White Hart Lane como visitante desde su marcha al eterno rival, así que centró gran parte de los análisis del partido, casi al mismo nivel que el hecho de que el Arsenal podía ser matemáticamente campeón.

Los compañeros de Campbell lo recuerdan como uno de los partidos en los que más miedo han pasado. Bergkamp explica que "había odio en sus ojos, se notaba. Yo tenía un poco de miedo, podrían haberle hecho cualquier cosa, hacerle daño de verdad". Martin Keown admite que "nunca había visto tanto enfado contra nosotros, veías a la gente gruñendo al salir hacía el campo. Sentían que habían sido traicionados. Y Sol ese día respondió, supo sacarse todo esto de encima. Como a nosotros tampoco nos gustaban los seguidores del Tottenham, compartíamos eso, y cuando uno de los tuyos es el blanco de la ira rival... simplemente respondes".

Primavera, día soleado. Los jugadores parecen muy concentrados. No es necesaria mucha charla previa, el escenario habla por sí solo. Y los de Wenger no quieren dejar un solo detalle a la improvisación. El partido arranca y el Arsenal concede un córner bastante pronto. La afición del Tottenham explota para meter presión. Empezar el partido en el que tu máximo rival puede ser campeón en tu estadio marcando sería ideal. El problema es que el Arsenal absorbe esa presión y la expulsa con mucha más fuerza. Gilberto Silva despeja al primer palo, el balón le cae a Henry, que desborda al defensor en la frontal de su área y cruza el centro del campo. Ahí se la pone en profundidad a Bergkamp, que asiste a Vieira. El francés se lanza al suelo, alargando mucho la pierna, para conseguir mandarla al fondo de la red. Tottenham 0-1 Arsenal. Minuto 3.

La velocidad explosiva es uno de los elementos básicos de Wenger y se ve reflejada en la jugada. Patrick Vieira: "Ese gol tiene la técnica y calidad de Dennis, la velocidad de Thierry y mi potencia. Es uno de mis goles favoritos. Me encantó".

El Arsenal está por delante a los tres minutos y además se siente muy cómodo. De hecho, amplía las distancias con el segundo gol antes del descanso. Y otra vez la construcción del gol es una demostración del estilo que habían perfeccionado. Siete pases, seis jugadores involucrados. "Progresión a través de la posesión". El balón que Bergkamp le da al espacio a Vieira es maravilloso. El capitán está desatado y mira al área antes de contactar con el balón, entrando por el perfil del extremo izquierdo. Viendo que no hay nadie cargando el área, el francés la deja atrás para su compatriota Pirès, que la cruza de zurda para el 0-2. "Fútbol perfecto", según Pirès. El 7 tiene un idilio con el gol ante los Spurs: "11 partidos, 8 goles. No lo hacía aposta, a veces tienes la suerte de marcar en algunos partidos concretos y, en mi caso, era contra el Tottenham. Ese día teníamos mucha presión. Necesitábamos un punto para ser campeones y estábamos yendo a casa del enemigo. ¡Era la guerra! Ya desde que llegas con el autocar, mucho ruido. Sientes la presión. Y yo lo prefería así. Me estimulaba. Te da fuerza, energía. Es increíble. Y luego, esos dos goles...".

"Parecía que nunca jugábamos nuestro mejor partido cuando íbamos a White Hart Lane", explica Dennis Bergkamp. "La rivalidad, los sentimientos... Pero esa vez sí que pudimos jugar nuestro partido y es algo de lo que estar orgulloso, porque creamos un estilo de juego y poder reproducirlo en un partido en el que nos jugábamos el título en casa de nuestros mayores rivales... Esos goles eran puramente Arsenal".

El ambiente es relajado en el vestuario al término de los 45 primeros minutos. El Arsenal, como se dice habitualmente, vence y convence al descanso, y solo una debacle puede propiciar que el título se escape. Pero el partido cambia en la segunda mitad. El Tottenham monta un contraataque y la pelota le cae a Jamie Redknapp, que anota un gol desde lejos a falta de media hora para el final. En el Arsenal entran José Antonio Reyes por Ray Parlour y Edu Gaspar por Dennis Bergkamp, ya en el minuto 81 de partido. El Tottenham lo intenta, pero el Arsenal parece controlar el partido hasta que, en el minuto 92, le pitan un penalti en contra al Arsenal, cometido por Jens Lehmann sobre Robbie Keane a la salida de un córner. El mismo 10 de los Spurs es el encargado de tirar y lograr el empate. Minuto 94, Tottenham 2-2 Arsenal. Con este resultado, el Arsenal sigue siendo campeón.

A pesar de eso, la celebración de Robbie Keane es como la de un gol que vale una victoria, y eso desconcierta a Lehmann. El árbitro pita el final y el Arsenal es campeón de la Premier League en el feudo de su máximo rival por segunda vez en su historia, como ya lo lograra en 1971. El penalti deja tan desconcertado a Lehmann, que se marcha a los vestuarios en vez de celebrar. El otro que se va es Campbell, consciente de que es lo mejor: "Lo sentí como una derrota. Perdí los nervios en el vestuario porque estaba desesperadísimo por lograr una victoria. Quería ganar por muchas razones. Quería que fuera completo. Quería acabar con tanta gente... no en un mal sentido. Quería ganar".

Para Lehmann: "Cuando entré al vestuario, me senté muy enfadado. Vino el entrenador, que tampoco estaba muy contento: 'Te lo he dicho varias veces y hoy te han pitado un penalti', a lo que contesté: 'Es mi culpa, jefe', antes de que entrara alguien y me sacara de ahí al grito de '¡Somos campeones, vamos fuera, somos campeones!'".

"Jens llegó al vestuario muy enfadado por el gol que habíamos concedido. Estaba en el vestuario gritando y, de golpe, Arsène le dijo: 'Jens, relájate. Somos campeones'", explica Gilberto Silva. Un resumen de lo que significa para el Arsenal superar a los Spurs. Puede que sea una muestra más de la mentalidad de ese equipo, pero también es muy gráfico respecto a lo que significa el *North London Derby*. "Es un partido muy especial para todos los jugadores que tienen la oportunidad de participar, sabes lo importante que es para los seguidores y el club cuando juegas partidos de este tipo".

Mientras ocurre todo esto en el vestuario del equipo visitante, el resto de los jugadores del Arsenal siguen fuera, celebrando con la afición que se había desplazado hasta White Hart Lane. Esa, de todas maneras, no era la idea inicial. Hay una imagen icónica, en el túnel de vestuarios, en la que el árbitro le traslada a Thierry Henry que la policía les había pedido que no celebraran el título para no crear ningún caos. Tampoco celebrar ningún gol con la afición. Y él, de mala gana, lo había aceptado.

Lo que pasa que el fútbol es un deporte en el que las pulsaciones crecen y, unos y otros, tuvieron actitudes durante el partido que echaron a perder el pacto que Henry había hecho con el árbitro. Él mismo lo explica en el documental que hizo el Arsenal para rememorar esta hazaña: "Recuerdo a Taricco saltando alrededor nuestro. De hecho, le dio una rampa, celebrando un empate. Lo miré en plan '¡¿me estás vacilando?!', y le dije: '¿Te das cuenta de que necesitábamos un punto para ganar el título en vuestro estadio?', y él seguía hablando. Le contesté: 'Ven a verme cuando esto acabe'. Si vas fuerte, entonces sé fuerte también al final. Sabemos que hay rivalidad, pero para nosotros fue demasiado verlos celebrar un empate que nos hacía campeones en su estadio. Ahí pensé que nosotros podíamos celebrar. Pensé que lo celebraríamos con los seguidores".

Las imágenes se centran en el delantero francés, que le indica a Jamie Redknapp, capitán de los Spurs, el porqué de su negativa a no celebrar. Inmediatamente después se saca la camiseta y la levanta mientras se dirige a la esquina donde sigue celebrando la afición del Arsenal. Le siguen Ashley Cole y el resto de los compañeros, que empiezan a tirarse el agua de los botellines. Edu Gaspar recuerda "celebrarlo en un estadio vacío, excepto por el córner de los aficionados del Arsenal. Ese recuerdo sigue vivo en mi mente. Disfruté muchísimo. Todo el esfuerzo es para vivir momentos así". Pero falta gente en esa celebración. El equipo va a buscar a Lehmann y Campbell a los vestuarios y vuelven al césped para seguir celebrando con un hinchable con la forma del trofeo de la Premier League. "Cuando llegó mi momento de levantar el hinchable, corrí hasta el centro del campo, lo levanté y bajé como quien clava una bandera en territorio enemigo. La afición explotó. Fue el mejor momento", para Ashley Cole.

A pesar de ganar el título, el hambre de victorias de estos jugadores era tal que algunos no estaban 100 % contentos. "Debimos haber ganado ese partido", piensa con los años Gilberto Silva. "Al final estás contento porque logras lo que habías deseado desde el inicio, pero imagina lo que hubiese sido ganar ese partido... Lo máximo".

Arsène Wenger, tras el partido, explicaba ante las cámaras de *Sky Sports* que estaba "muy orgulloso de lograr el título. Hemos mejorado cada año, la temporada ha sido fantástica, aunque me arrepienta de algunas cosas. Y ahora trataremos de mantener el nivel hasta el final. Tenemos delante algo fantástico, que nunca se ha conseguido y estamos muy cerca, pero debemos mantener la concentración. Mi objetivo será no desconectarnos y tratar de lograrlo también".

El primer paso está dado, pero aún falta el definitivo. Y será el más difícil, aunque empezara un tiempo atrás.

CAPÍTULO 12

INVINCIBLES

Martes, 17 de septiembre de 2002. Después de derrotar por 2-0 al Borussia Dortmund en Champions League, con goles de Bergkamp y Ljungberg, el periodista del *Daily Star's* Dave Woods le pregunta a Wenger en rueda de prensa: "¿Podéis completar una temporada invictos?". Se produce una pausa. Para el técnico, seguramente, más larga de la que lo recuerda. No es una pregunta que le llegue de nuevo a Wenger, puesto que varias veces antes se la habían hecho ya. En otras ocasiones, y hasta ese día, siempre había respondido que era imposible. Pero esta vez algo cambia. En su lenguaje corporal se nota que duda, como sopesando las posibles consecuencias de su respuesta. "Sí", responde. Su contestación no se extiende, pero es que no es necesario. Al sí le sigue un murmullo entre los periodistas. Ese "sí" que es portada en toda Inglaterra al día siguiente.

Según explica el propio Dave Woods: "Mirándolo en perspectiva, fue un momento importante. No es normal que alguien salga de su zona de confort de

esta manera. Muchos entrenadores se ponen límites sobre lo que deben o no deben decir. Parecía que estuviese destapando aquello que hablaban a nivel interno en el vestuario. No sé si realmente fue consciente de lo que decía, pero los entrenadores a este nivel siempre piensan en las consecuencias positivas, o negativas, que puedan tener sus palabras". Tanto es así que Wenger debe explicar la firmeza en sus palabras: "¿Crees que el Manchester United, Liverpool o Chelsea no sueñan con ello? Lo que pasa es que tienen demasiado miedo de quedar en ridículo. Pero no es ridículo, porque es algo que es posible que pase, y yo tengo mucha confianza en mi equipo. Llevamos 27 partidos de liga sin perder, y hemos marcado en 45 partidos seguidos de liga. Si dijera que no lo creo, la gente me diría que soy un mentiroso".

Una cosa es cómo se tomen esas palabras los medios de comunicación, otra los compañeros de profesión... Y otra sus propios jugadores. La reacción de algunos, como Martin Keown, fue clara: "Pensé: '¿Ha perdido la cabeza?'. No queríamos que fuera algo que se hablara en público. Pero a veces, si no lo expresas, nunca lo haces realidad. Puede ser que ese fuera el momento en el que realmente nos planteáramos si era posible. Pero evidentemente no queríamos hacer mucho ruido, la gente quería ganarnos aún más. Y así se nos fue contra el Everton, con ese gol de Rooney".

Y es que, tras ese "sí" que tanto ruido generó a nivel mundial en el universo que rodea al fútbol, el Arsenal solo tardó un mes y dos días en perder la imbatibilidad. Recordad que estamos en 2002, la temporada previa a la de los Invincibles. Era 19 de octubre, y un chico de 16 años llamado Wayne Rooney, canterano del Everton, se presentó al mundo con un auténtico golazo ante el que era el actual campeón de liga, el Arsenal, acabando así con 30 partidos de imbatibilidad de los gunners.

Ahora volvamos a la temporada 2003-2004. Un año después, y ya con el título de liga en las manos, la posibilidad real de acabar la temporada invictos se presentó sola. Birmingham, Portsmouth, Fulham y Leicester eran los equipos que quedaban, con lo que, además, parecía un logro probable. Evidentemente, habiendo alzado ya el título, lo difícil era mantener el hambre y la concentración. El nivel de los rivales, que acabaron décimo, trigésimo, noveno y decimoctavo, tampoco ayudaba a que la motivación fuera mayor. De hecho, como explica Bergkamp, "fue un gran desafío. Ya teníamos lo que queríamos, pero, de repente, podíamos hacer historia. La gente empieza a pensar en no lesionarse para jugar con la selección. Es que de verdad que solo lo pensamos cuando llegó el final del campeonato y seguíamos invictos. La ambición real y principal era ganar el título". Opinión que Ljungberg refuta porque no es fácil mantener el tono: "Que digan lo que quieran, que cuando ya no te juegas el título, ir al 100 % es imposible. Bajas el nivel un poco. Y eso que nosotros queríamos conseguirlo".

Eso sí, siempre hay alguien que confiaba antes que otros en la posibilidad. Vieira desvela su nombre: "El único que lo pensaba desde el inicio era Henry, que siempre estaba pensando en ganar. Nunca se conformaba. Wenger nos decía que estábamos a punto de lograr algo increíble, pero no había nada real por lo que luchar, no había puntos".

"El objetivo era abstracto, no había premio", explica Henry. "Al final, ¿qué ibas a conseguir? Luchábamos por algo que no íbamos a lograr nunca. No sabíamos que harían un título dorado. No se había hecho antes. Luchábamos por un sitio en la historia. Algo que no se había hecho antes y que puede que no se repita, pero sin medalla ni nada. Era raro. Le hubiésemos dado importancia con el tiempo, pero no en el momento".

Birmingham, Portsmouth, Fulham y Leicester en la cabeza. El primero, ante el Birmingham, resultó en un aburrido 0-0. Una cuarta parte del trabajo ya estaba hecho, ahora solo quedaban tres partidos. El siguiente era fuera de casa, ante el Portsmouth. Al descanso, 1-0 a favor de los locales con gol de Yakubu. En el vestuario, gritos y broncas. Lehmann, Henry... Todos echándose cosas en cara a todos. Para Lehmann fue la definición de "un partido típico del fútbol inglés. Perdiendo 1-0, con un césped horrible, el rival peleón... Henry me preguntó que por qué no la había parado y me cabreé mucho. En la segunda parte hice buenas paradas y conseguimos empatar". El gol fue de José Antonio Reyes, en el que se convirtió en su primer tanto en la Premier League. Menudo momento para conseguirlo.

Según Henry: "Sé que la gente recuerda los partidos grandes como los importantes, los de los goles famosos. Old Trafford, el partido ante Liverpool... Pero el que yo recuerdo es contra el Portsmouth en Highbury, en la primera vuelta. Nos estaban pasando por encima y no sé cómo Robert Pirès consiguió un penalti. Por eso en la segunda vuelta teníamos que asegurarnos de no perder contra el Portsmouth. No les ganamos ni fuera ni en casa". Muchas veces los partidos que más se recuerdan son aquellos ante los rivales más fuertes, o los que tuvieron componentes que añadieron esa pizca de leyenda como remontadas o grandes resultados.

Craven Cottage, Londres. Estadio del Fulham. 9 de mayo de 2004. Derbi londinense en el penúltimo partido de Premier League. ¿Quién fue el héroe? José Antonio Reyes. El Arsenal logró llevarse los 3 puntos de ese partido gracias a una presión del español sobre un joven Van der Sar, que no acierta a regatear y le regala el gol en bandeja al 9 *gunner*. Dos empates, una victoria y un único partido pendiente. La historia, más cerca que nunca.

15 de mayo de 2004. Highbury Stadium, Londres. Último partido de la temporada. 25 victorias, 12 empates, 0 derrotas. Enfrente el Leicester, ya descendido. El Arsenal, campeón cuatro jornadas antes. Desde la consecución del título, cinco puntos y solo dos goles a favor, de José Antonio Reyes ambos. Si el Leicester, a pesar de su consumado descenso, consigue quedar decimoctavo en vez de vigésimo, puede lograr un millón de libras de recompensa. Los jugadores lo saben y el departamento financiero del club se lo ha remarcado. Cuando los jugadores del Leicester llegan al vestuario, esperan la típica charla previa de los partidos. Pero no. Nada de eso. El entrenador Micky Adams cuelga una cartulina en la que aparece el 11 del Arsenal y les dice a sus jugadores: "Mucha suerte con ellos".

Con el paso del tiempo, Micky Adams explicó que "no tenía sentido que destacara nada. La velocidad de Henry a la espalda, como se descuelga Pirès para aparecer entre líneas, el control de balón de Bergkamp o las conducciones rompiendo líneas de Vieira. Conocíamos el rival a la perfección, en ese momento solo se hablaba de ellos. No tenían debilidades".

Lo que no se esperaban los jugadores de los foxes es que el partido se fuera al descanso con ese resultado. Es algo habitual en los encuentros de final de temporada en los que ninguno de los dos equipos se juega nada, al menos tangible. Los visitantes llegan al vestuario superando al actual campeón 0-1. En el minuto 25, Patrick Vieira había intentado abrir a la banda, pero el balón se había quedado corto y la contra del Leicester la había rematado Dickov de cabeza, en un cabezazo ante el que Lehmann poco puede hacer. "Estaba siendo un partido raro, como si todos hubiésemos perdido nuestra fuerza. Sin energía. Nos costó mucho volver a meternos en el partido. ¿Cómo podíamos estar perdiendo justo el último partido?", se preguntaba Gilberto Silva. "¿Toda la temporada invictos y lo tiraríamos al final?". Era el momento perfecto para que aparezcan los jugadores diferenciales del equipo.

Y no tardarían nada. Tal y como arranca la segunda mitad, Bergkamp recibe un balón con espacio para pensar. El holandés ve la internada en el área de Ashley Cole y le pone el pase perfecto para que el lateral izquierdo controle, y se quede mano a mano con el portero. Frank Sinclair arrolla al inglés y el colegiado Paul Durkin pita penalti. El encargado es Thierry Henry, que coge carrerilla desde fuera del área, esprinta y engaña perfectamente al guardameta visitante. 1-1. El 14 mira a la grada, desafiante, como diciendo "¿Os pensabais que no iba a aparecer?".

La verdad, de todas maneras, es otra, y la conocemos gracias a que él mismo la explicó. En la cabeza del astro francés aparecieron dudas. "Me puse a pensar que, si marcaba ganaríamos, pero ¿Y si fallaba? Sentí la presión. Sabía que tenía que meterlo sí o sí. Como mínimo para empatar, ya que no creía que el Leicester nos marcara otra vez".

Si han llegado hasta este punto del libro, lo que pasa después no les sorprenderá. De nuevo Bergkamp con la pelota en los pies, en la mitad de campo rival. Patrick Vieira inicia un desmarque y el holandés, una vez más poco presionado, filtra, con el exterior, un pase que es todo precisión. El centrocampista francés gana la posición a su defensor, deja tirado al portero con el control y anota a portería vacía para el 2-1. El Arsenal ha tenido suficiente con 15 minutos de la segunda parte.

James Scowcroft era delantero en ese Leicester: "Imaginábamos que, a pesar de ir ganando, el resultado podía cambiar en cualquier momento. Lo de Henry... Pasó de ir en primera a poner quinta marcha. En diez minutos de partido cambió totalmente la situación".

En el documental que el Arsenal hizo para homenajear a los Invincibles se cuenta una anécdota que ocurrió a partir de ese momento. Con 2-1 en el marcador y el partido controlado, Martin Keown seguía en el banco, sabiendo que necesita entrar en el campo si quiere tener una medalla de campeón de liga. En esa época, solo te la daban si participabas en diez partidos. Ante el Fulham, Keown se queda sin participar por un error de cálculo de Wenger, así que cuando ve que el partido está bajo control, baja a decirle al técnico que tiene que salir. Al Arsenal solo le queda un cambio. Wenger lo manda a calentar y él decide hacerlo justa delante del entrenador. El estadio entero canta *"There's only one Keown[17]"* para animarlo. Wenger se lo mira y le dice "¡vete de aquí, Martin!".

A todo esto, Ray Parlour, que sabe de las ganas de su compañero por jugar y es uno de los grandes bro-

---

17 La traducción es: "Solo hay un Keown"

mistas de ese vestuario, decide gastarle una de las suyas. Se saca los pantalones largos que llevaba puestos para no pasar frío en el banquillo y va corriendo a la zona de calentamiento como si se lo hubiesen ordenado. Para agravarlo, se va a su compañero y le dice que va a entrar él en el centro del campo. "No puedes entrar tú, esa medalla es mía Ray", le contesta Keown con cara de querer matarlo. "¿A mí qué me cuentas?, Es el entrenador quien lo ha dicho", le contesta Ray fingiendo ponerse agresivo. Keown sabe que, si su compañero entra, él se queda sin medalla. Parlour irá hasta el final con la broma. Cuando llega al banquillo, se saca la sudadera. Martin Keown lo ve y, desde la banda, hace el sprint de su vida para alcanzar a Wenger. Hace como que lo coge del cuello y le grita: "¡No puedes hacerlo entrar a él!". Ray se da cuenta de que la broma ha ido demasiado lejos, pero ya es tarde. "Se volvió loco. De ese momento es la famosa imagen en la que Martin hace como que agarra a Arsène del cuello", explica Henry.

Wenger empieza a reírse porque no entiende lo que está pasando, ya que él no había estado pendiente del calentamiento. Las aguas se calman y a Martin le aseguran que entrará. Eso sí, Wenger le hace esperar para conseguirlo. Ya en la ducha, Martin le asegura a Ray que sabía que todo era una broma, aunque Parlour siempre dirá que para nada, y que Keown nunca fue realmente consciente de ello.

Pitido final. *Sky Sports* lo narra así: "Anoten la fecha. 15 de mayo de 2004. Se ha hecho historia. Uno de los mayores logros desde que empezó el fútbol inglés. El Arsenal ha pasado toda una campaña liguera sin perder. La primera vez que ha sucedido en más de 100 años. Jugó 38 partidos, ganó 26, empató 12 y perdió concretamente nin-gu-no. El nombre del Arsenal tiene ya un sitio en el libro de los récords deportivos de todos los tiempos, y se hablará de lo que ha conseguido esta temporada mientras se siga jugando a fútbol. Magnífico es la única palabra que describe a este equipo y este logro. Ellos han establecido los estándares. Son los Invincibles, dondequiera que mires. Han maravillado a todos en el país con su forma de jugar al fútbol y su unión. Jugaron 38 partidos, a diferencia del Preston North End, que solo jugó 22. Y además en una temporada en la que han estado peleando por la UEFA Champions League, la FA Cup y la Carling Cup. Este estadio de Highbury, en el que el Arsenal juega desde 1913, ha presenciado grandes momentos, pero me atrevo a sugerir que ninguno como este".

Para Sol Campbell fue "mágico, no creo que nadie lo logre en mucho tiempo. Vine al Arsenal a ganar títulos, así que estoy contento".

"Estoy muy orgulloso de ser el capitán de este equipo", empezaba explicando Vieira durante la celebración tras el último partido de liga. "Tenemos un gran vestuario con buenos chicos, hemos dado lo máximo, hemos luchado y dado siempre el 100 %. Hoy hemos disfrutado mucho. Es fantástico y este equipo será recordado para siempre".

"Hasta que no lo logras, no eres consciente de que realmente eres capaz", explicaba Wenger, aún sobre el césped de Highbury. "Es un momento fantástico. Siempre dije que era un sueño y lograrlo es increíble. Siempre estuvimos arriba y es difícil mantenernos ahí, y más sin perder un partido. Sin nuestros *fans* y los jugadores no hubiese sido posible. Mejorar es una actitud que se tiene o no se tiene, y este equipo tiene hambre de más". Por último, Henry, que destacaba la actitud del equipo "en una segunda parte en la que mostramos esa ambición para acabar imbatidos. Es más que impresionante. Y aunque alguien lo repita, nosotros siempre habremos sido los primeros. Eso no cambiará nunca".

El día 24 de octubre de 2004, la jornada diez de la Premier League disfrutaría del mejor partido que podía verse en ese momento. El Arsenal visitaba Old Trafford por primera vez tras la ya famosa Batalla de Old Trafford. 67 862 personas se juntaron en el feudo del Manchester United con el objetivo de ver si el conjunto visitante alcanzaba la cifra de 50 encuentros consecutivos sin perder en liga. Haberlo conseguido en casa de tu máximo rival por los títulos hubiese sido alcanzar el cielo, pero el destino, y el árbitro, tenían otro final preparado para los Invincibles.

Pitaba el partido Michael Riley, que ya contaba con algunos episodios anteriores en los que se podía argumentar que sus arbitrajes habían favorecido al Manchester United. Hay, en internet, compilaciones de hasta diez minutos con los errores arbitrales de ese día. El jugador que más recibió ese día fue, probablemente, José Antonio Reyes. El español declaró, años más tardes que ese había sido "el partido más duro de mi carrera. Nunca me habían pegado tanto como ese día en Old Trafford". Fue tan exagerado que en el resumen que colgó el perfil oficial de Youtube del Manchester United en 2018, para rememorar el partido, no pudieron evitar añadir algunas de esas patadas.

En el minuto 72 de partido, Riley le pita un penalti inexistente a Sol Campbell sobre un joven Wayne Rooney. Es Ruud Van Nistelrooy el encargado de tirar y esta vez, a diferencia de lo ocurrido la temporada anterior, sí consigue batir a Lehmann. En el minuto 93, al contraataque, Wayne Rooney sentencia el encuentro desde dentro del área.

La tensión del partido, y la agresividad, es tal cuando acaba que se traslada al túnel de vestuarios. Allí se produce lo que algunos medios denominaron la Batalla del Buffet. El Manchester United solía dejar comida en el vestuario visitante, además de en el suyo, para que los jugadores comieran al término de los 90 minutos. Parte de esa comida voló durante la acalorada discusión que se mantuvo entre los miembros de ambos equipos. De hecho, un trozo de pizza fue a parar a la cara de Sir Alex Ferguson. El culpable se mantuvo en secreto durante muchos años, hasta que un día salió a la luz en un programa de televisión: el español Cesc Fàbregas.

Allí, en Old Trafford (Manchester), un 24 de octubre de 2004, terminaría una racha de 49 partidos seguidos sin perder en la Premier League. Una racha que había empezado un 7 de mayo de 2003 en Highbury ante el Southampton, y que sigue sin haber sido igualada al término de la escritura de este libro.

ENTREVISTADOS

BRUNO ALEMANY

Es periodista de la *Cadena Ser*, en España. Dirige el programa especializado en fútbol internacional *Play Fútbol*. En él repasa la jornada, pero también analiza equipos históricos.

AMY LAWRENCE

Es autora del libro Invincible: *Inside Arsenal's Unbeaten 2003-2004 Season*, en el que repasa la histórica temporada gunner. Escribe en la prestigiosa publicación digital *The Athletic* y es seguidora del Arsenal.

IGNASI MIQUEL

Es jugador profesional. Al término de este libro, jugaba en la SD Huesca, en 2ª División Española. Canterano del Barça, fichó por el Arsenal en 2010 y perteneció al club del norte de Londres hasta 2014, cuando se marchó al Norwich.

ILIE OLEART

Es fundador y director general de *La Media Inglesa*, página web de referencia del fútbol inglés en español. Escribió el libro *Dilly-ding, dilly-dong* que explica la temporada del título de Premier League del Leicester.

LAUREN

Es lateral derecho de los Invincibles y leyenda del Arsenal. En la actualidad ejerce como embajador de la entidad londinense en África. Experto técnico de la FIFA para el desarrollo del talento, también destaca como comentarista televisivo en distintos canales.

TIM PAYTON

Es seguidor del Arsenal de toda la vida y portavoz del Arsenal Supporter's Trust, uno de los mayores grupos de aficionados del club, que apuesta por una participación más alta de los socios en la toma de decisiones del club.

DIEGO LATORRE

Es un exfutbolista argentino y actual comentarista deportivo de *ESPN*. En Boca Juniors formó un tridente histórico junto a Gabriel Batistuta y Alfredo Graciani, y fue internacional absoluto con Argentina. También es seguidor del Arsenal.

CLASIFICACIÓN

Pos	Equipo	PJ	V	E	D	GF	GC	DG	PTS
1	ARSENAL	38	26	12	0	73	26	47	90
2	CHELSEA	38	24	7	7	67	30	37	79
3	MANCHESTER UNITED	38	23	6	9	64	35	29	75
4	LIVERPOOL	38	16	12	10	55	37	18	60
5	NEWCASTLE UNITED	38	13	17	8	52	40	12	56
6	ASTON VILLA	38	15	11	12	48	44	4	56
7	CHARLTON ATHLETIC	38	14	11	13	51	51	0	53
8	BOLTON WANDERERS	38	14	11	13	48	56	-8	53
9	FULHAM	38	14	10	14	52	46	6	52
10	BIRMINGHAM CITY	38	12	14	12	43	48	-5	50
11	MIDDLESBROUGH	38	13	9	16	44	52	-8	48
12	SOUTHAMPTON	38	12	11	15	44	45	-1	47
13	PORTSMOUTH	38	12	9	17	47	54	-7	45
14	TOTTENHAM HOTSPUR	38	13	6	19	47	57	-10	45
15	BLACKBURN ROVERS	38	12	8	18	51	59	-8	44
16	MANCHESTER CITY	38	9	14	15	55	54	1	41
17	EVERTON	38	9	12	17	45	57	-12	39
18	LEICESTER CITY	38	6	15	17	48	65	-17	33
19	LEEDS UNITED	38	8	9	21	40	79	-39	33
20	WOLVERHAMPTON WANDERERS	38	7	12	19	38	77	-39	33

JUGADORES

Nº	Posición	Jugador	PJ	Goles
1	POR	JENS LEHMANN	38	0
3	DF	ASHLEY COLE	32	0
4	MC	PATRICK VIEIRA	29	3
5	DF	MARTIN KEOWN	3 (7)	0
7	EXT	ROBERT PIRÈS	33 (3)	14
8	EXT	FREDRIK LJUNGBERG	27 (3)	4
9	DC	JOSÉ ANTONIO REYES	7 (6)	2
10	DC	DENNIS BERGKAMP	21 (7)	4
11	DC	SYLVAIN WILTORD	8 (4)	3
12	DF	LAUREN BISAN	30 (2)	0
14	DC	THIERRY HENRY	37	30
15	MC	RAY PARLOUR	12 (10)	0
17	MC	EDU GASPAR	12 (17)	2
18	DF	PASCAL CYGAN	10 (8)	0
19	MC	GILBERTO SILVA	29 (3)	4
22	DF	GAEL CLICHY	7 (5)	0
23	DF	SOL CAMPBELL	35	1
25	DC	NWANKWO KANU	3 (7)	1
28	DF	KOLO TOURÉ	36 (1)	1
30	DC	JEREMIE ALIADIERE	3 (7)	0
39	MC	DAVID BENTLEY	1	0
45	DF	JUSTIN HOYTE	-1	0

BIBLIOGRAFÍA

- Wenger, Arsène: *La filosofía de un líder,* España, Editorial Roca, 2021.

- Wenger, Arsène: *Invincible: Inside Arsenal's Unbeaten 2003-2004 Season*, Reino Unido, Penguin Random House, 2014.

- Livie, A. *Sol will never be a gunner* [en línea] https://www.skysports.com/football/news/2181639/sol-will-never-be-a-gunner

- Premier League: *Vieira: Arsenal's Invincibles were very special* [en línea] https://www.premierleague.com/news/59698 [2015]

- Arsenal: *"I told them they could become immortal"* [en línea] https://www.arsenal.com/news/news-archive/20170515/-i-told-them-they-could-become-immortal-?utm_source=-feedburner&utm_medium=feed&utm_campaign=-Feed%3A+arsenal-news+%28News+Feed%29 [2017]

- Arsenal: *Arsene Wenger's FINAL interview | Part 1 - Highbury, winning the double, and upsetting Ian Wright* [en línea] https://www.youtube.com/watch?v=bG-vi6Ufg0U&list=PL-vuwbYTkUzHdCpmf4DceTZ1kP1YM21goS [2018]

- *Lawrence, A. Jens Lehmann Interview* [en línea] https://theathletic.com/1454712/2019/12/13/jens-lehmann-inter-

view-there-were-arguments-every-day-at-arsenal-but-it-pushed-the-team-forward/?article_source=search&search_query=jens%20lehmann [2019]

- Arsenal: *Full Documentary | Thierry Henry | Arsenal Legends* [en línea] https://www.youtube.com/watch?v=a_cwjfbgWpI [2020]

- Arsenal: *Full Documentary | Dennis Bergkamp | Arsenal Legends* [en línea] https://www.youtube.com/watch?v=X-L1L0z454-g&t=9s [2020]

- Watts, C. *"It was quite scary" - Gilberto Silva reveals what made Arsenal invincible* [en línea] https://www.goal.com/en-gb/news/it-was-quite-scary-gilberto-silva-reveals-what-made-arsenal/1vi2xwquk18w914fjec6tmmj5g [2021]

- Godfrey, C. *'When I lose it, I lose it in a dangerous way': Ar-sène Wenger on sweat, suffering and selfishness* [en línea] https://www.theguardian.com/lifeandstyle/2021/nov/08/arsene-wenger-sweat-dangerous-arsenal-football-manager [2021]

- Kelly, R. *'Am I still in love with Arsenal? Of course!'* [en línea] https://www.arsenal.com/news/am-i-still-love-arsenal-course [2021]

- Cross, J. *Pens, round tables and parking spaces - How Arsene Wenger created Arsenal culture* [en línea] https://www.mirror.co.uk/sport/football/news/inside-arsene-wenger-arsenal-secrets-25493185?1= [2021]

- Premier League: *Henry: Vieira could have played alone in midfield!* [en línea] https://www.premierleague.com/news/2120987 [2021]

- Premier League: *Henry: I wanted to elevate the forward position* [en línea] https://www.premierleague.com/news/2096418 [2021]

- Kemble, J. *Arsenal Invincible Kolo Toure reveals the defin-ing moment of his Gunners career* [en línea] https://www.

football.london/arsenal-fc/news/arsenal-kolo-toure-ar-sene-wenger-19812958_[2021]

- Moore, J. *Arsenal legend Ray Parlour remembers the 'scariest match' he ever played in against Tottenham and cruel joke he played on Sol Campbell at White Hart Lane* [en línea] https://talksport.com/football/698653/arsenal-ray-parlour-scariest-match-tottenham-joke-sol-campbell-north-london-derby-premier-league/ [2021]

- Arsenal: *The most surprising transfer ever! | The story of Sol Campbell's move from Tottenham to Arsenal* [en línea] https://www.youtube.com/watch?v=BJaN6j6OpLs [2021]

SOBRE EL AUTOR

Adrià Jiménez Muñoz (Barcelona, 1993), apasionado del fútbol. Licenciado en Periodismo, optó por esta profesión para poder seguir ligado a ese mundo que tanto le cautiva y que gira alrededor de la pelota. Desde bien pequeño siempre con un balón en los pies; ahora, intentando entenderlo y explicarlo desde la distancia.